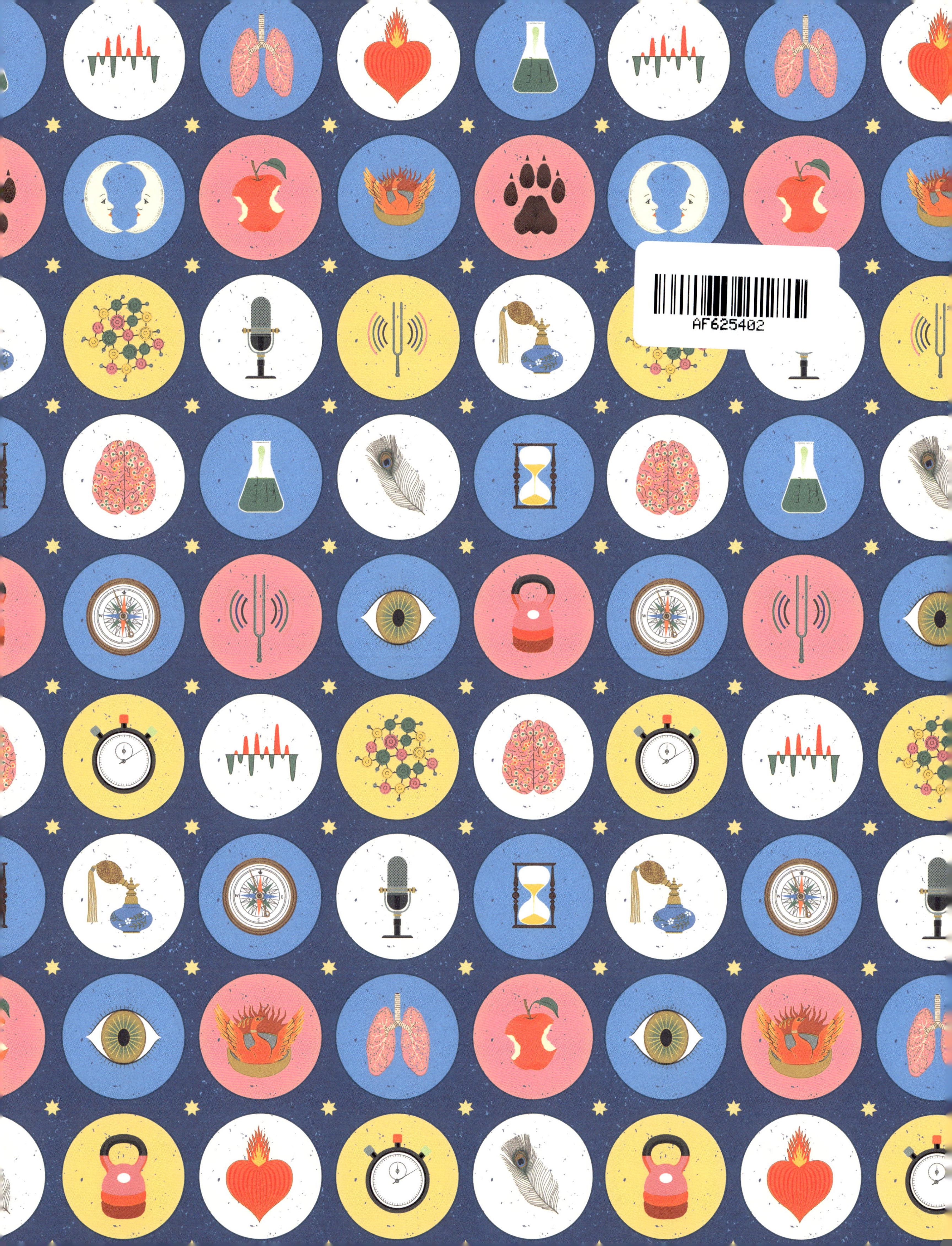

SOLEDAD
Romero Mariño

SONIA
PULIDO

Tiere
und ihre
Superkräfte

PRESTEL

München · London · New York

Überlebenskünstler

Auf etwa 4 Milliarden Jahre Erfahrung mit der Erschaffung von Lebensformen auf der Erde kann die Natur zurückblicken. In dieser langen Zeitspanne – von der Entstehung der ersten Bakterien bis zur Herausbildung komplexerer Organismen in den letzten Jahrtausenden – haben einige Tiere und Pflanzen **„Superkräfte“** entwickelt, die sie zu wahren Überlebenskünstlern machen.

Diese hochbegabten Tiere verfügen über Talente, die manchen menschlichen Fähigkeiten weit überlegen sind. Sie sind in der Lage, Wellenlängen, Magnetfelder, Töne und Gerüche zu erfassen, die wir Menschen gar nicht wahrnehmen können. Sie überlisten ihre Feinde mit erstaunlichen **Strategien**, produzieren hochwirksame chemische Substanzen und fordern die Gesetze der Physik heraus.

Dieses Buch beleuchtet solche bemerkenswerten **Eigenschaften** und stellt uns einige einzigartige Protagonisten vor.

So präsentiert sich der Stierkopf-Dungkäfer als **außergewöhnliches Kraftpaket**, denn der kleine Käfer kann das Tausendfache seines eigenen Körpergewichts bewegen.

Der Eisbär, **der König der Arktis**, besitzt die Fähigkeit, seine Beute mit einem einzigen Prankenhieb zu töten, und gehört zu den Tieren mit dem ausgeprägtesten Geruchssinn.

Die Kamikaze-Ameise, **die Sprengstoffexpertin aus Malaysia,** scheut nicht davor zurück, ihren Körper zur Explosion zu bringen, um ein klebriges Gift auszustoßen und so die übrigen Mitglieder ihrer Gemeinschaft zu schützen.

Kein Wunder, dass sich auch die Wissenschaft für diese **unglaublichen Tiere** und ihre „Kräfte“ interessiert. Ihre hoch entwickelten Körper und erstaunlichen Verhaltensweisen dienen den Menschen als Inspirationsquelle. Nicht nur, um ihren Körperbau und seine Funktionsweisen nachahmen zu können, sondern auch, um die Regeln der Natur besser zu verstehen.

Auf dass uns diese Wesen zu einem respektvolleren Umgang mit unserem Planeten verhelfen!

Inhalt

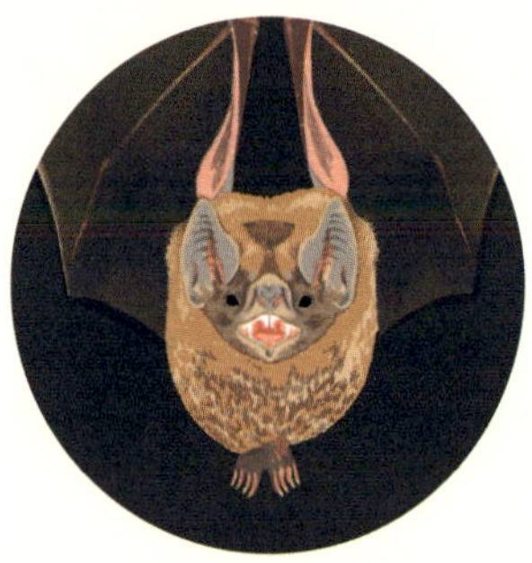

Die Superkräfte im Überblick

ENTDECKE DIE AUẞERGEWÖHNLICHEN MERKMALE EINIGER TIERE

Im Tierreich gibt es Arten, die unglaubliche **Überlebenstalente** entwickelt haben, **erstaunliche Eigenschaften**, die **menschlichen Fähigkeiten** weit überlegen sind und selbst Superhelden herausfordern würden. Es geht um die **stärksten** oder **schnellsten** Tiere der Welt; um solche, die abgetrennte Körperteile **nachwachsen** lassen oder ihre Beute mit einem tödlichen Gift vernichten können; und um jene, die mit ihren scharfen **Sinnen** selbst Superman in den Schatten stellen würden.

SUPER

STÄRKE

Verantwortlich dafür kann ein großer muskulöser und kraftvoller Körper sein wie beim Elefanten oder ein überaus stabiles Exoskelett wie beim Stierkopf-Dungkäfer.

Der **Afrikanische Elefant**
Die **Kamikaze-Ameise**
Der **Stierkopf-Dungkäfer**
Der **Eisbär**

SUPER

TASTSINN

Die Fähigkeit, über die Sensoren der Haut leichte Schwingungen, Veränderungen des Drucks, der Temperatur, der Luftgeschwindigkeit usw. wahrzunehmen.

Der **Iberiensteinbock**
Der **Afrikanische Elefant**
Das **Echte Krokodil**
Die **Vampirfledermaus**
Der **Narwal**
Die **Südliche Schwarze Witwe**
Die **Hauskatze**

SUPER

SEHVERMÖGEN

Es gibt Tiere mit unglaublicher Sehfähigkeit: Nachtsicht, Fernsicht, schnelles Erfassen von Bildern, voneinander unabhängige Augenbewegungen, Augenlider mit Sonnenschutz usw.

Der **Gemeine Krake**
Die **Eigentliche Eule**
Der **Wanderfalke**
Der **Weiße Hai**
Der **Stierkopf-Dungkäfer**
Der **Eisbär**
Der **Gepard**
Der **Kugelfisch**
Die **Hauskatze**
Die **Iberische Mauereidechse**
Die **Honigbiene**

SUPER

SUBSTANZEN

Viele Tiere nutzen chemische Substanzen zum Angriff, zur Verteidigung oder Paarung. Dabei handelt es sich hauptsächlich um Gifte, Betäubungsmittel, stinkende Sekrete, abschreckende Tinte, gerinnungshemmende Mittel oder Duftstoffe (Pheromone), um potenzielle Partner anzulocken.

Der **Gemeine Krake**
Die **Vampirfledermaus**
Die **Ringelnatter**
Die **Kamikaze-Ameise**
Die **Südliche Schwarze Witwe**
Der **Kugelfisch**
Die **Honigbiene**

SUPER

BEINE

Es gibt Tierarten mit hoch spezialisierten Gliedmaßen. Damit können sie sich spur- und lautlos fortbewegen, unglaublich geschickt klettern oder dank der hervorragenden Bodenhaftung schnell die Richtung wechseln oder beschleunigen.

Der **Iberiensteinbock**
Die **Eigentliche Eule**
Der **Eisbär**
Der **Gepard**
Die **Hauskatze**
Die **Iberische Mauereidechse**

SUPER

GERUCHSSINN

Ausgeprägte Geruchsrezeptoren liefern vielen Tieren Informationen über ihr Revier, ihre Nahrung oder die Anwesenheit von paarungswilligen Partnern. In der Regel befinden sich die Rezeptoren in der Nasenhöhle, den Antennen oder an der Zunge.

Der **Iberiensteinbock**
Der **Afrikanische Elefant**
Die **Ringelnatter**
Der **Weiße Hai**
Die **Kamikaze-Ameise**
Der **Nachtfalter**
Der **Stierkopf-Dungkäfer**
Der **Eisbär**
Die **Hauskatze**
Die **Iberische Mauereidechse**

SUPER

GEHÖR

Die Fähigkeit, weit entfernte Töne oder Ultraschall (den das menschliche Ohr nicht hören kann) wahrzunehmen. Tritt oft in Verbindung mit Ohren auf, die besonders groß sind oder sich unabhängig voneinander drehen lassen. Manchmal sitzt das Gehör auf beiden Seiten verschieden hoch, um genauer bestimmen zu können, aus welcher Richtung ein Ton kommt.

Der **Afrikanische Elefant**
Die **Eigentliche Eule**
Die **Vampirfledermaus**
Der **Nachtfalter**
Die **Hauskatze**

SUPER

IMITATION

Die großen Imitatoren der Natur können Form und Farbe verändern oder Laute und Gerüche anderer Tiere nachmachen. Sie wenden Mimikry-Techniken an, um nicht gesehen zu werden (indem sie sich ihrer Umgebung anpassen) oder um Angreifer durch das Nachahmen bedrohlicher Raubtiere zu täuschen. Manche stellen sich sogar tot.

Der **Gemeine Krake**
Der **Prachtleierschwanz**
Die **Ringelnatter**
Der **Nachtfalter**
Der **Kugelfisch**

SUPER

BISSKRAFT

Kräftige Kiefer voller scharfer Zähne sind die beste Waffe der gefährlichsten Raubtiere dieser Erde.

Das **Echte Krokodil**
Der **Weiße Hai**
Der **Eisbär**

SUPER

LAUTE

Die Fähigkeit einiger Tierarten, komplexe Laute auszustoßen, um ihre Artgenossen vor Gefahr zu warnen, Gefühle auszudrücken oder sich auf andere Weise mitzuteilen.

Der **Iberiensteinbock**
Der **Prachtleierschwanz**
Der **Gemeine Delfin**
Der **Narwal**

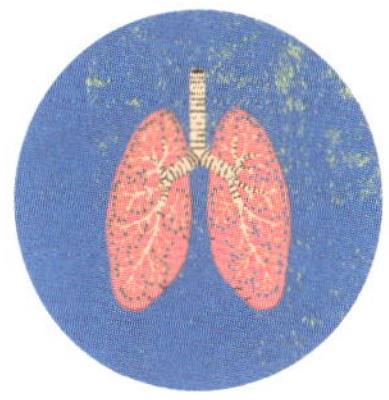

SUPER

LUNGE

Ein außergewöhnliches Lungenvolumen erlaubt den glücklichen Besitzern, lange Zeit unter Wasser zu bleiben.

Das **Echte Krokodil**
Der **Eisbär**

SUPER

SCHNELLIGKEIT

Die Könige der Geschwindigkeit verfügen über einen stromlinienförmigen Körper sowie enorme Reflexe und Gewandtheit.

Die **Eigentliche Eule**
Der **Wanderfalke**
Der **Gepard**

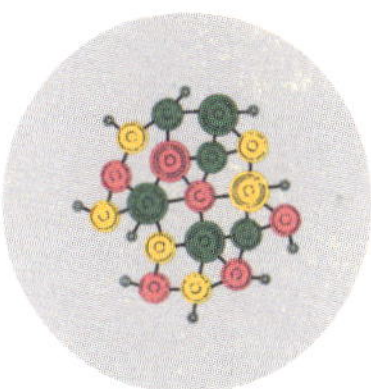

SUPER

TEAMGEIST

Einige Tierarten kooperieren miteinander und schließen sich zu intelligenten Gemeinschaften zusammen. Diese können aus einigen wenigen Individuen bestehen oder riesige Kolonien aus Millionen von Exemplaren mit kollektiver Kraft und Intelligenz bilden. Teamarbeit ist extrem effektiv!

Der **Afrikanische Elefant**
Der **Gemeine Delfin**
Die **Vampirfledermaus**
Die **Kamikaze-Ameise**
Die **Honigbiene**

SUPER

RADAR

Die Echoortung funktioniert wie ein natürlicher Radar. Damit können sich manche Tiere orientieren, Hindernissen ausweichen und Beute orten. Sie stoßen Schallwellen aus, die von Objekten reflektiert werden und so ein Echo erzeugen, das Rückschlüsse auf die Entfernung und die Größe ebenjener erlaubt.

Der **Gemeine Delfin**
Die **Vampirfledermaus**
Der **Narwal**

SUPER

STOFFWECHSEL

Die Geschwindigkeit der Verdauung an die Außentemperatur und die Menge an verfügbarer Nahrung anpassen zu können, ist eine weitere wertvolle Fähigkeit: Wenn es genug Nahrung gibt und es angenehm warm ist, wird schnell verdaut, wenn Nahrung knapp wird und es kalt ist, wird die Verdauung verlangsamt.

Das **Echte Krokodil**

SUPER

REGENERATION

Diese beeindruckende Fähigkeit besteht darin, Gliedmaßen oder andere Körperteile nachwachsen zu lassen, die das Tier, meistens bei Auseinandersetzungen mit Feinden, verloren hat.

Der **Gemeine Krake**
Das **Echte Krokodil**
Die **Iberische Mauereidechse**

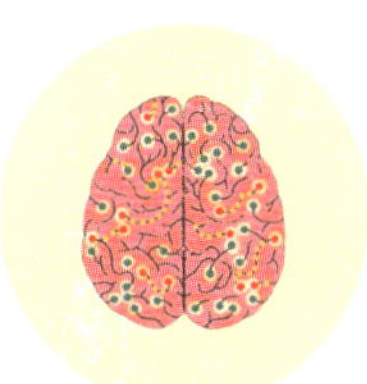

SUPER

INTELLIGENZ

Der tierische Verstand ist ebenso scharf und leistungsfähig wie der menschliche, in einigen Bereichen ist er ihm sogar überlegen. Es gibt Tiere, die hoch kompetent sind, wenn es um Problemlösung, Kommunikation (Sprache), Sozialverhalten (z. B. Empathie, Spiele, Kooperation), Jagd- und Verteidigungsstrategien oder den Gebrauch von Werkzeug geht.

Der **Afrikanische Elefant**
Der **Gemeine Krake**
Der **Gemeine Delfin**
Der **Gepard**
Die **Iberische Mauereidechse**
Die **Honigbiene**

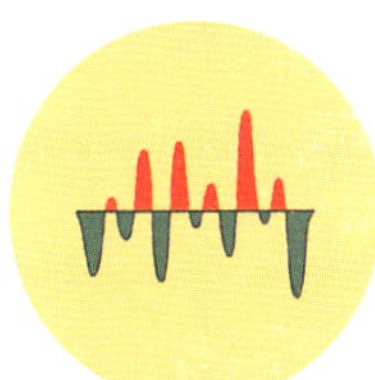

SUPER

SENSOREN

Mithilfe ausgeklügelter Systeme können manche Tierarten Dinge wahrnehmen, die für unsere Augen und die anderer Tiere unsichtbar sind. Dazu dienen Sensoren, die z. B. elektrische Ladung, Temperatur (Infrarotstrahlen), Magnetfelder, UV-Strahlung oder flüchtige chemische Elemente in der Luft erfassen. Dieses Talent hilft ihnen bei der Orientierung sowie bei der Nahrungs- und Partnersuche.

Die **Vampirfledermaus**
Der **Weiße Hai**
Der **Nachtfalter**
Die **Honigbiene**

SUPER

MUTTER

In der Tierwelt gibt es Mütter, die Waisen adoptieren, monatelang Material für den Nestbau zusammentragen oder ihre Jungen über 1 Jahr lang austragen und säugen. Seit Millionen von Jahren sind sie dafür verantwortlich, das Fortbestehen der Spezies zu sichern.

Der **Prachtleierschwanz**
Der **Gemeine Delfin**
Der **Narwal**
Der **Eisbär**
Der **Gepard**
Die **Honigbiene**

KRÄFTE: ✸ ✸ ✸ ✸

Der Iberiensteinbock

WISSENSCHAFTLICHER NAME:
Capra pyrenaica

KLASSE: Säugetiere
ORDNUNG: Paarhufer
FAMILIE: Hornträger

Der leichtfüßige Klippenkletterer

Kaum ein Tier ist so wagemutig wie er. Allen Gesetzen der Physik und der Vernunft zum Trotz erklimmt er unüberwindliche Felswände.

Außer zur Paarungszeit führt das Weibchen, die Geiß, die Gruppe an.

SUPER
LAUTE
✸

Verfügt neben einem sehr feinen Gehör auch über eine große Bandbreite an Tönen, um sich zu verständigen, vor Gefahr zu warnen und Gefühle wie Angst oder Freude auszudrücken.

SUPER
GERUCHSSINN
✸✸

Mithilfe des Geruchssinns sammelt er Informationen über das Revier und die Identität anderer Steinböcke. Der Bock kann anhand des Uringeruchs feststellen, in welchem Fruchtbarkeitsstadium sich eine Geiß gerade befindet.

SUPER
TASTSINN
✸✸✸

Er nutzt seine überaus sensiblen Lippen, um Veränderungen der Lufttemperatur wahrzunehmen, außerdem kann er damit beim Fressen zwischen dornigen, holzigen und krautigen Trieben unterscheiden, ohne sich das Maul zu verletzen.

SUPER
BEINE
✸✸✸✸

Die Beschaffenheit seiner Hufe und die außerordentlich kräftigen Beine erlauben es ihm, fast senkrechte Steilwände zu erklimmen, auf kahlem Gestein herumzuklettern und über 3 Meter breite Felsspalten zu springen.

Der Iberiensteinbock erfüllt eine wichtige Funktion in der Nahrungskette zwischen Pflanzen und pflanzenfressenden Tieren, da er mit dazu beiträgt, die Vegetation in Bergen und auf Wiesen zu stabilisieren.

GRÖßE
Kopf-Rumpf-Länge: 130 bis 140 cm (ohne Schwanz). Gewicht: zwischen 35 und 80 kg. Die Hörner können bis zu 90 cm lang werden.

FARBE
Das dicke, raue Fell ist im Sommer zimtfarben und im Winter eher grau. Die Hörner sind schwarz.

BESONDERE MERKMALE
Stämmiger Körper und große säbelförmige Hörner. Zwischen Männchen und Weibchen gibt es große Unterschiede in Größe, Farbe und Gehörn: Der Bock ist deutlich größer und besitzt kräftige Hörner, mit denen er gegen andere Böcke um die Vormachtstellung in der Herde kämpft.

ALTER
Wird 15 bis 18 Jahre alt. In Gefangenschaft sind einige Exemplare bis zu 30 Jahre alt geworden.

VERBREITUNG
Wälder und bergige Graslandschaften der Iberischen Halbinsel.

NAHRUNG
Für trockene, bergige Gegenden typische Sträucher und Dornbüsche. Er ernährt sich außerdem von Baumrinde, Beeren, Zweigen und Gras. Trinkt wenig Wasser (der Raureif, der sich auf den Pflanzen ansammelt, genügt ihm).

FORTPFLANZUNG
Das Männchen muss in einem brutalen Kampf gegen andere Böcke antreten, um das Recht zu erlangen, sich mit einer Gruppe Weibchen zu paaren. Nach 5 Monaten bringen die Geißen ein bis zwei Zicklein zur Welt. Bereits am 1. Lebenstag können sie laufen und springen mit ihren Müttern auf den Klippen umher.

FEINDE
Wölfe, Bären, Luchse und Adler, daneben stellen der Verlust des Lebensraums und die Wilderei (die es auf die begehrten Hörner abgesehen hat) ebenfalls eine große Bedrohung dar.

KRÄFTE: ★★★★★

Der Afrikanische Elefant

WISSENSCHAFTLICHER NAME:
Loxodonta africana

KLASSE: Säugetiere
ORDNUNG: Rüsseltiere
FAMILIE: Elefanten

Das gewaltige Landtier

Er hat keine Rivalen. Seine ungeheuerliche Stärke und die scharfen Sinne machen ihn unbesiegbar.

Schläft nur 2 bis 4 Stunden täglich, in der Regel im Stehen.

SUPER
GERUCHS-SINN
★

Er ist das Tier mit dem besten Geruchssinn der Welt. Mit erhobenem Rüssel kann er weit entfernte Gerüche wahrnehmen.

SUPER
GEHÖR
★★

Dank der riesigen Ohren und des feinen Gehörs registriert er Infraschall (der für den Menschen unhörbar ist).

SUPER
TASTSINN
★★★

Mit den Nervenenden in seinen Füßen spürt der Afrikanische Elefant Schallwellen, deren Frequenz so niedrig ist, dass Menschen sie nicht hören können. Diese speziellen Rezeptoren in den Fußsohlen, die Vater-Pacini-Körperchen, dienen ihm als natürliche Alarmanlage.

SUPER
INTELLIGENZ
★★★★

Sein Verhalten und seine Intelligenz ähneln denen des Menschen. Ein Elefant kennt Solidarität und Mitgefühl, kann trauern, Waisen adoptieren, Werkzeug nutzen und ist in der Lage, sich selbst zu erkennen. Außerdem erlaubt ihm sein hervorragendes Gedächtnis, Wissen und Erfahrungen abzuspeichern, die er später wieder abrufen kann.

SUPER
STÄRKE
★★★★★

Ein Afrikanischer Elefant kann 9000 kg Gewicht auf dem Rücken tragen und sein Rüssel (mit Tausenden von Muskeln) ist in der Lage, über 200 kg zu heben.

SUPER
TEAMGEIST
★★★★★★

Von der Geburt bis zum Tod leben die Weibchen in derselben Gruppe aus bis zu 15 Elefanten, die von der ältesten Elefantenkuh angeführt wird. Die sozialen Bindungen zwischen den Tieren sind eng und sie zeigen sich oft ihre Zuneigung. Mit etwa 12 Jahren trennen sich die Elefantenbullen von dem Verband und gründen eine eigene Gruppe.

Über seine Ausscheidungen verteilt der Elefant die Samen vieler Baumarten in der Savanne. Eine Reihe dieser Samen gewinnt die Fähigkeit zu keimen erst auf dem Weg durch den Elefantendarm.

GRÖSSE
Der Afrikanische Elefant ist das größte Landtier der Welt. Er kann über 3 m hoch werden und schwerer als 6000 kg.

FARBE
Hell- bis dunkelgraue dicke, feste Haut.

BESONDERE MERKMALE
Mit seinem langen Rüssel kann er u. a. riechen, fressen, trinken, kommunizieren, sich mit Wasser begießen und Gegenstände bewegen (er nutzt ihn wie einen Arm). Seine Stoßzähne sind groß und dienen ihm zur Nahrungs- und Wassersuche. Mit den riesigen Ohrmuscheln reguliert er seine Körpertemperatur in der heißen Savanne.

ALTER
Wird 50 bis 70 Jahre alt.

VERBREITUNG
Warme Gebiete in der Nähe von Wasserquellen in den Savannen Afrikas.

NAHRUNG
Er ist das größte pflanzenfressende Landtier der Welt und ernährt sich von Gräsern, Blättern, Sträuchern, Früchten und Baumrinde. Den Großteil seiner Zeit wendet er fürs Fressen auf; über 150 kg kann er am Tag vertilgen.

FORTPFLANZUNG
Um ihre Paarungsbereitschaft anzuzeigen, stößt die Elefantenkuh einen lauten Ruf aus. Wenn darauf mehrere Bullen reagieren, kämpfen diese um das Recht zur Paarung. Nach 22 Monaten wird das Kalb geboren, das bis zum 4. Lebensjahr gesäugt wird.

FEINDE
Elefanten können nicht gut sehen. Deshalb werden sie in der Nähe von kleinen agilen Tieren (Wespen, Mäusen usw.) nervös. Es heißt, dass Elefanten Angst vor Mäusen hätten, aber in Wirklichkeit haben sie nur Angst davor, die kleinen schnellen Tiere zu übersehen.

KRÄFTE:

WISSENSCHAFTLICHER NAME:
Octopus vulgaris

KLASSE: Kopffüßer
ORDNUNG: Kraken
FAMILIE: Echte Kraken

Der Gemeine Krake

Der Spezialist für Tarnung

In wenigen Sekunden kann er sein Aussehen verändern und seinen Fressfeind entwaffnen.

Kraken können träumen und im Schlaf mehrfach die Farbe wechseln.

SUPER

IMITATION

Mithilfe von Pigmentzellen und Muskeln kann der Krake Farbe, Form und Verhalten verändern und sich seiner Umgebung anpassen, sodass man ihn nicht von Algen, Steinen oder Sand am Meeresboden unterscheiden kann.

SUPER

SUBSTANZEN

Um seine Angreifer zu verwirren, stößt er eine dichte, dunkle Tintenwolke aus. Alle Krakenarten sind giftig, aber nur das Gift der Blaugeringelten Kraken kann für den Menschen tödlich sein.

SUPER

REGENERATION

Um zu fliehen, kann er einen seiner Arme abwerfen. Dieser bewegt sich weiter und lenkt so die Feinde ab. Später wächst der Arm wieder nach.

SUPER

INTELLIGENZ

Der Krake gehört zu den intelligentesten Wirbellosen der Erde. Die Funktionsweise seines Gehirns ähnelt unserer: Er empfindet Neugier und verarbeitet, verwandelt und behält Informationen aus seiner Umgebung, um Entscheidungen zu treffen.

SUPER

SEHVERMÖGEN

Auf der Netzhaut besitzt er nur eine Zellenart. Damit könnte er keine Farben sehen, wenn nicht seine u-förmigen Pupillen wären. Sie verstärken die „chromatische Aberration", wodurch er alle Farben, aus denen sich ein Bild zusammensetzt, einzeln wahrnehmen kann.

Mit seinen Tarnmechanismen, der Regenerationsfähigkeit, dem Nervensystem und der Intelligenz dient der Krake auch der biologischen Forschung.

GRÖßE
Es gibt riesige Krakenarten, aber der Gemeine Krake wird in der Regel nicht länger als 1 m (mit ausgestreckten Armen) und wiegt etwa 10 kg.

FARBE
Weist in der Regel Gelb-, Braun- und Rottöne auf. Ist aber in der Lage, durch Aktivierung der Farbzellen und Leuchtorgane unter der Haut sein Erscheinungsbild (Farbe, Lichtdurchlässigkeit, Reflexionskraft) zu verändern.

BESONDERE MERKMALE
Der symmetrisch aufgebaute Körper ist weich, flexibel und kräftig. Er unterteilt sich in Mantel, Kopf und Tentakel. Der Mantel enthält neben drei Herzen und Kiemen auch andere lebenswichtige Organe. Im und am Kopf sitzen das Gehirn, zwei hervorstehende Augen und der Schnabel, durch den er sich ernährt. Mithilfe des Trichterorgans kann der Krake Wasser mit hohem Druck ausstoßen und sich so fortbewegen. Die acht von Saugnäpfen bedeckten Tentakel sind kräftig und verfügen über Millionen von Nervenenden.

ALTER
Wird 12 bis 18 Monate alt.

VERBREITUNG
Mittelmeer und Atlantik, vor allem auf felsigem Grund und in Gegenden mit Höhlen zum Verstecken.

NAHRUNG
Fleischfresser. Ernährt sich hauptsächlich von Garnelen, Weichtieren (Schnecken und Muscheln), Fischen und anderen Kopffüßern.

FORTPFLANZUNG
Der männliche Krake führt einen seiner acht Arme (eigentlich ein Fortpflanzungsorgan) in die Mantelhöhle des Weibchens ein und gibt dort das Sperma ab. Nach der Befruchtung legt das Weibchen die Eier in traubenförmigen Klumpen an einem versteckten, sicheren Ort ab. 4 Monate lang widmet es sich ausschließlich der Brut, ohne selbst zu fressen. Nach dem Schlüpfen der Jungen stirbt die erschöpfte und ausgelaugte Mutter.

FEINDE
Abgesehen von den Menschen, die sie fangen, haben die Kraken viele natürliche Fressfeinde, z. B. Haie, Schwertwale, Robben, Walrosse, Seelöwen, Möwen und Albatrosse.

Der

Prachtleier-schwanz

KRÄFTE:

WISSENSCHAFTLICHER NAME:
Menura novaehollandiae

KLASSE: Vögel
ORDNUNG: Sperlingsvögel
FAMILIE: Leierschwänze

Die Diva des Tierreichs

Psst … Ruhe, bitte, das Waldkonzert fängt an! Das Prachtleierschwanzmännchen entfaltet seine Schwanzschleppe und entzückt mit Gesang, bis die Weibchen seinem Werben erliegen.

Mit den abgerundeten kurzen Flügeln kann er nicht gut fliegen. Er lebt am Boden und schläft in Bäumen.

SUPER
LAUTE

Das Prachtleierschwanzmännchen verfügt über die überraschendsten stimmlichen Fähigkeiten des Tierreichs. Es kann jeden gehörten Ton perfekt nachahmen: den Gesang anderer Vögel, menschliches Weinen, das Geräusch von Hupen, Motoren, Schüssen, Sirenen. Das ganze Jahr über studiert es sein vielfältiges kreatives Repertoire ein und führt es dann während des Balzrituals vor.

SUPER
MUTTER

Das Weibchen verwendet mehrere Monate darauf, Material zum Bau eines kunstvollen Nests mit etwa 60 cm Durchmesser zu sammeln. Das Männchen hilft beim Nestbau nicht mit, genauso wenig wie bei Brut und Aufzucht des Kükens.

SUPER
IMITATION

Während der Darbietungen, mit denen es das Interesse der Weibchen wecken will, entfaltet das Prachtleierschwanzmännchen seine spektakuläre Schwanzschleppe. Um die Schwanzfedern zum Vibrieren zu bringen, tanzt es ausgelassen auf einem kleinen Hügel, den es sich selbst als Bühne gebaut hat.

Bei der Nahrungssuche scharrt der Prachtleierschwanz im Waldboden, was die Zersetzung des Laubs beschleunigt. Dadurch erhöht sich die Menge an Nährstoffen in seinem Lebensraum, außerdem werden die Böden von kleineren Pflanzen frei gehalten, was die Ausbreitung von Waldbränden verhindert.

GRÖẞE
Kopf-Rumpf-Länge: bis zu 1 m, Schwanzlänge: etwa 50 cm.

FARBE
Das Federkleid ist am Rücken braun, sonst grau, im Schwanz finden sich braune, graue sowie weiße Federn.

BESONDERE MERKMALE
Großer Vogel mit langen, kräftigen Beinen, die ihm das Rennen ermöglichen. Das Männchen hat eine spektakuläre elegante Schwanzschleppe mit 16 symmetrisch angeordneten Federn, die aussehen, als wären sie aus Spitze. Die beiden äußeren Federn sind braun und leierförmig gebogen.

ALTER
Wird etwa 20 Jahre alt.

VERBREITUNG
Wälder im Südosten Australiens und Tasmaniens.

NAHRUNG
Fleischfresser. Frisst kleine Wirbellose, die er beim Scharren mit seinen kräftigen Beinen und Krallen im Boden findet. Zu seiner Beute gehören Würmer, Blattläuse, Zikaden, Käfer, Larven, Spinnen, Tausendfüßer, Ameisen, Wanzen und Skorpione.

FORTPFLANZUNG
Nach der aufsehenerregenden Balz folgt die Paarung. Das Weibchen legt ein einziges Ei, das es allein bebrütet. Die Männchen beteiligen sich nicht an der Aufzucht.

FEINDE
Große Raubvögel wie Habichte. Außerdem Füchse, Wildhunde, Katzen u. a.

KRÄFTE: ★★★★

WISSENSCHAFTLICHER NAME:
***Strigidae* (Familie)**

KLASSE: Vögel
ORDNUNG: Eulen
FAMILIE: Eigentliche Eulen

Die Eigentliche Eule

Die Herrin der Nacht

Hinter ihrem sympathischen Aussehen verbirgt sich ein tödliches Raubtier. Ausgestattet mit hervorragender Sehfähigkeit und außergewöhnlicher Stärke fliegt sie lautlos und unsichtbar durch die Nacht.

Dieser Raubvogel verbringt sein ganzes Leben mit nur einem Partner.

SUPER GEHÖR

★

Ihr scharfes Gehör erlaubt der Eule, im Dunkeln zu jagen und auch versteckte Beute zu finden. Ein beweglicher Federkranz um die Ohren fängt Geräusche ein wie ein Radar. Die asymmetrisch sitzenden Ohröffnungen, die Töne unterschiedlich empfangen, helfen ihr beim Orten der Beute.

SUPER SEHVERMÖGEN

★★

Die Netzhaut ihrer großen Augen verfügt über besonders viele lichtempfindliche Stäbchenzellen. Dahinter befindet sich eine reflektierende Schicht *(Tapetum lucidum)*, die das wenige Licht, das ins Auge eindringt, spiegelt und damit verstärkt. Beides sorgt für eine hervorragende Sehkraft im Dunkeln. Beweglich sind die Augen dagegen nicht. Um ihre Umgebung wahrnehmen zu können, dreht die Eule den Kopf um bis zu 270 Grad oder kippt ihn bis zu 90 Grad nach vorne und hinten. Diese Beweglichkeit ist möglich, weil sie über 14 Halswirbel verfügt, sieben mehr als der Mensch.

SUPER BEINE

★★★

Ihre Klauen sind so kräftig, dass sie einem Menschen den Arm brechen könnten. Die Eigentliche Eule gehört zu den gefährlichsten nächtlichen Jägern im Tierreich.

SUPER SCHNELLIGKEIT

★★★★

Mit den großen Flügeln und ihren außergewöhnlichen Reflexen kann sie extrem schnell fliegen. Ihre fransigen Federspitzen ermöglichen es ihr, nahezu lautlos zu fliegen und ihre Beute überraschend anzugreifen.

Die Eule reguliert den Nagetier- und Insektenbestand. Vor allem durch die Mäusejagd trägt sie dazu bei, Plagen zu verhindern.

GRÖSSE
Die kleinste Art, der Elfenkauz, ist etwa 13 cm groß und wiegt zwischen 30 und 55 g. Die größte, der Uhu, kann 70 cm groß werden und 3 kg wiegen. Seine Spannweite beträgt 150 cm.

FARBE
Das Gefieder ist in der Regel braun.

BESONDERE MERKMALE
Körper und Flügel sind groß und kräftig. Der Kopf ist herzförmig und hat einen Federschleier, der an ausgeprägte Augenbrauen erinnert. Die großen runden Augen sitzen vorne in dem flachen Gesicht (und nicht seitlich wie bei den meisten anderen Vögeln).

ALTER
Wird etwa 15 Jahre alt in Freiheit und 30 in Gefangenschaft.

VERBREITUNG
Verbringt in der Regel das ganze Leben im selben Wald.

NAHRUNG
Fleischfresserin. Frisst kleine und mittlere Säugetiere (wie Eichhörnchen, Kaninchen, Mäuse), Reptilien (Eidechsen), kleine Wirbellose (wie Würmer, Schnecken, Käfer, Spinnentiere), Vögel (wie Kolibris, Spatzen) und manchmal Fische. Ihre Beute zerfetzt sie und schluckt sie ohne zu kauen. Nach der Verdauung würgt sie einen Ball mit allem Unverdaulichen wie Knochen, Federn und Zähnen hervor.

FORTPFLANZUNG
Das Weibchen legt zwischen drei und elf Eier und kümmert sich um die Bebrütung. Das Männchen sucht Nahrung für beide. Nach dem Schlüpfen der Jungtiere ernährt das Weibchen sie mit der Beute, die das Männchen ihr bringt.

FEINDE
Reptilien (Schlangen), fleischfressende Säugetiere (wie Füchse, Waschbären, Katzen) und andere Raubvögel (wie Adler, Falken, Raben und sogar größere Eulen).

Das Echte Krokodil

KRÄFTE: ✱✱✱✱✱

WISSENSCHAFTLICHER NAME:
***Crocodylidae* (Familie)**

KLASSE: Reptilien
ORDNUNG: Krokodile
FAMILIE: Echte Krokodile

Der gefräßige Jäger

Hat das Sagen in Flüssen und Sümpfen, wo es zur Hälfte im Wasser und zur Hälfte an Land lebt. Bühne frei für das Reptil mit den tödlichsten Kiefern der Welt.

Die ersten Krokodile gab es schon im Mesozoikum, vor etwa 240 Millionen Jahren.

SUPER STOFFWECHSEL

✱

Krokodile können die Geschwindigkeit der Verdauung an die Temperatur und die Menge an verfügbarer Nahrung anpassen. Ist es warm und viel Fressen verfügbar, verdauen sie schnell, ist es kalt und die Nahrung knapp, verlangsamen sie diesen Prozess.

SUPER LUNGE

✱✱

Das Krokodil ist das Tier mit Lungenatmung, das es am längsten unter Wasser aushält. Bis zu 1 Stunde kann es untertauchen, ohne Luft holen zu müssen.

SUPER BISSKRAFT

✱✱✱

Sein Gebiss ist das stärkste im ganzen Tierreich. Mit den kräftigen Kiefern und messerscharfen Zähnen packt es seine Beute und zerrt sie unter Wasser, um sie zu ertränken.

SUPER REGENERATION

✱✱✱✱

Das Krokodil kann nicht kauen, deshalb schüttelt es seine Opfer, bis es sie zerteilt hat. Die Zähne, die es beim Angriff verliert, wachsen ihm nach.

SUPER TASTSINN

✱✱✱✱✱

Mithilfe der pockenartigen Erhebungen auf dem Körper nehmen Krokodile kleinste Druckschwankungen in ihrer Umgebung wahr und orten so ihre Beute.

Krokodile helfen beim Erhalt von Ökosystemen, indem sie das Wasser über ihre Exkremente mit Nährstoffen versorgen.

GRÖẞE
Das Salzwasserkrokodil, die größte Art, kann 5 bis 6 m groß und 1700 kg schwer werden. Die kleinste Art ist das Stumpfkrokodil, das im Schnitt nur 150 cm lang und 18 bis 32 kg schwer wird.

FARBE
Dunkelgrün bis grau. Die Haut ist schuppig und hart.

BESONDERE MERKMALE
Das Krokodil kann sehr gut schwimmen. Es ist lang und flach und die Hälfte seiner Körpergröße entfällt auf den Schwanz. Den nutzt es als Antrieb und Ruder. Auf dem Rücken hat es einen Kamm und knochige Erhebungen. Seine Schwachstelle ist der Bauch. Mit den vier kräftigen kurzen Beinen kann es sich außerhalb des Wassers fortbewegen. Es hat einen ausgeprägten Kiefer voller kegelförmiger spitzer Zähne.

ALTER
Seine Lebenserwartung liegt bei 50 bis 80 Jahren.

VERBREITUNG
Krokodile leben in Sümpfen, Seen und trägen Flüssen in den Tropen in Afrika, Asien, Amerika und Australien. Das Salzwasserkrokodil kann auch in salzhaltigen Flussmündungen leben und verträgt Meerwasser.

NAHRUNG
Fleischfresser. Frisst Wirbeltiere (vorzugsweise lebend): Fische, Reptilien, Vögel und Säugetiere aller Größen. In einigen Fällen ernährt es sich auch von kleinen Wirbellosen wie Weichtieren, Krebsen, Insekten und Fröschen. Es hat keine Lieblingsbeute und kann jedes Tier anfallen, das seinen Weg kreuzt.

FORTPFLANZUNG
Das männliche Krokodil versucht mögliche Rivalen durch Kämpfe aus seinem Revier zu vertreiben. Die Paarung findet im Wasser statt. Anschließend legt das Weibchen zwischen 40 und 90 Eier an einem geschützten Platz am Ufer ab. Kurz vor dem Schlüpfen stoßen die Jungen einen Warnton aus, damit die Mutter das Nest ausgräbt. Die Kleinen durchbrechen die Schale und die Mutter trägt sie im Maul ins Wasser.

FEINDE
Die Fressfeinde des Krokodils sind einige der stärksten und mächtigsten Tiere der Welt: z. B. Löwe, Leopard, Python, Flusspferd, Tiger, Elefant. Ein weiterer großer Feind ist der Mensch, der es auf seine begehrte Haut abgesehen hat.

KRÄFTE:

✸ ✸ ✸ ✸ ✸

WISSENSCHAFTLICHER NAME:

Delphinus delphis

KLASSE: Säugetiere
ORDNUNG: Wale
FAMILIE: Delfine

Der Gemeine Delfin

Der wendige Wasserakrobat

Der fröhlichste Vertreter der Wale springt hoch in die Luft, schlägt Pirouetten, spielt, singt und reist in Gruppen zwischen Wellen und Sternenhimmel.

Manchmal stimmt das Männchen „Liebesgedichte“ an, um das Weibchen zu erobern.

✸

SUPER

RADAR

Mit seinem außergewöhnlichen Biosonar-System orientiert sich der Delfin und entdeckt sogar Beute, die 100 m entfernt oder im Sand verborgen ist. Bei der Echoortung stößt er hoch- oder niederfrequente Töne (Schnalz- oder Klicklaute) aus, die von der Umgebung reflektiert werden und ihm so Informationen liefern.

✸✸

SUPER

TEAMGEIST

Er lebt in „Schulen“ von etwa 30 Exemplaren (zeitweise können es auch Hunderte sein). Die Beziehung zwischen den Tieren ist eng und langlebig. Ist ein Delfin in Gefahr, stößt er einen Pfiff aus, damit andere ihm zu Hilfe kommen. Die Schulen grüßen sich gegenseitig.

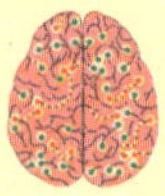

✸✸✸

SUPER

INTELLIGENZ

Abgesehen vom Menschen ist der Delfin das intelligenteste Wesen der Erde. Er zeichnet sich vor allem durch seine unglaubliche Kommunikationsfähigkeit und soziale Interaktion aus.

✸✸✸✸

SUPER

MUTTER

Während der Tragzeit singt das Weibchen dem Fötus mit einem speziellen Pfeifton vor. Nach der Geburt erkennt der kleine Delfin seine Mutter anhand dieses Tons.

✸✸✸✸✸

SUPER

LAUTE

Der Delfin verfügt über ein Repertoire an Klängen, die ihm zur Orientierung dienen, zur Warnung vor Gefahren, zur sexuellen Erregung oder zum Ausdruck anderer Gefühlszustände.

Durch seine Jagdtätigkeit kontrolliert der Delfin die Population von Fischen und Kalmaren in seinem Ökosystem. Das trägt zum Erhalt des Gleichgewichts zwischen den Arten in seinem Lebensraum bei.

GRÖẞE
Kopf-Rumpf-Länge: 2 bis 3 m, Gewicht: 70 bis 115 kg.

FARBE
Seine Haut weist verschiedene Grautöne auf, heller am Bauch und dunkler am Rücken. Dazu kommen Zeichnungen und Flecken in anderen Farbtönen.

BESONDERE MERKMALE
Körper und Schnauze sind stromlinienförmig. Der Kopf ist groß und verfügt auf der Oberseite über ein Blasloch zum Atmen. Die Schwanzflosse dient ihm zur Fortbewegung und die Brustflossen zum Richtungswechsel.

ALTER
In der Natur lebt der Delfin zwischen 25 und 30 Jahre. In Gefangenschaft können es bis zu 60 Jahre werden.

VERBREITUNG
Meere und Ozeane auf der ganzen Welt.

NAHRUNG
In den ersten Lebensmonaten ernährt er sich von Muttermilch. Später frisst er kleine Fische, Kalmare, Krebse, Kraken, Garnelen und andere Kleintiere.

FORTPFLANZUNG
Die Paarung verläuft schnell, wiederholt sich aber mehrfach an einem Tag (mit unterschiedlichen Männchen). Nach 11 Monaten bringt das Weibchen immer nur ein Junges zur Welt. Da die Identität des Vaters unbekannt ist, kümmern sich die Männchen der Schule um alle Jungtiere. Die Mutter säugt ihr Kalb bis zu 2 Jahre lang.

FEINDE
Die größten Delfinarten haben keine Fressfeinde. Die kleinsten werden abgesehen vom Menschen nur von Schwertwalen und bestimmten Haiarten gejagt.

W
E
S

KRÄFTE: ★★★★★★

Die Vampirfledermaus

WISSENSCHAFTLICHER NAME: ***Desmodus rotundus***

KLASSE: Säugetiere
ORDNUNG: Fledertiere
FAMILIE: Blattnasen

Die durstige Blutsaugerin

Sie ist ein Wunder der Natur. Ihr außerordentliches Geschick in der Dunkelheit würde sogar Batman alt aussehen lassen.

Die Fledermaus ist das einzige Säugetier, das wie ein Vogel fliegen kann.

SUPER GEHÖR ★

Sie nimmt die leichte regelmäßige Atmung ihrer Beute (meistens Kühe) im Tiefschlaf wahr und nutzt diesen Moment für ihren Angriff.

SUPER SUBSTANZEN ★★

Ihr Speichel enthält Betäubungsmittel, damit die Beute keinen Schmerz verspürt, und Gerinnungshemmer (Draculin), damit das Blut gut fließt. Vampirfledermäuse können eine halbe Stunde saugen, ohne dass ihr Opfer etwas davon bemerkt.

SUPER TASTSINN ★★★

Alle Fledermäuse haben winzige Haare an den Flughäuten. Sie dienen ihnen als Sensoren und senden Daten ans Gehirn, mit denen die Tiere die Luftgeschwindigkeit erkennen und ihren Flug kontrollieren können.

SUPER RADAR ★★★★

Sie stößt einen durchdringenden, für den Menschen unhörbaren Ultraschallruf aus, der von Objekten reflektiert wird, Informationen über die Umgebung liefert und ihr dadurch erlaubt, unfallfrei durch die Dunkelheit zu fliegen.

SUPER TEAMGEIST ★★★★★

Die Vampirfledermaus lebt in großen Gruppen und teilt ihre Nahrung mit anderen (denn nach zwei Nächten ohne Fressen kann sie sterben). Sie ist in der Lage, Blut, das sie getrunken hat, hochzuwürgen, um damit Artgenossen zu füttern.

SUPER SENSOREN ★★★★★★

Mit den Warmrezeptoren an der Nase macht sie ihre warmblütigen Beutetiere ausfindig und erkennt die Stelle mit dem stärksten Blutfluss, um dort zuzubeißen. Dabei saugt sie das Blut nicht wirklich, sondern leckt es auf.

Sie bestäubt Blumen, deren Blüten sich nachts öffnen. Es gibt etwa 500 Blühpflanzenarten auf der Welt, die auf Fledermäuse angewiesen sind, um sich vermehren zu können.

GRÖSSE
Kopf-Rumpf-Länge: 6 bis 9 cm, Gewicht: etwa 40 g.

FARBE
Braun- und Grautöne.

BESONDERE MERKMALE
Fledermäuse sind die einzigen geflügelten Säugetiere. Ihr Körper ist von kurzem Fell bedeckt, das sie vor Feuchtigkeit und Kälte schützt. Sie hat ein plattes Gesicht, eine kurze Schnauze und kleine spitze Ohren. Im Unterschied zu anderen Fledermausarten nutzt sie ihre kräftigen Hinterbeine zum Laufen, Rennen und Springen.

ALTER
Wird 15 bis 35 Jahre alt.

VERBREITUNG
Höhlen in den Tropen Mexikos, Mittel- sowie Südamerikas. Tagsüber schläft sie in völliger Dunkelheit kopfüber an der Höhlendecke hängend.

NAHRUNG
Die Vampirfledermaus ist Fleischfresserin und nachtaktiv. Sie ernährt sich ausschließlich von Blut und muss täglich etwa 20 g zu sich nehmen, die Hälfte ihres Körpergewichts.

FORTPFLANZUNG
Die Fortpflanzung ist nicht auf bestimmte Zeiten im Jahr begrenzt. Weibchen und Männchen paaren sich mit verschiedenen Tieren der Gruppe. Nach 7 Monaten Tragzeit kommt in der Regel nur ein einzelnes bereits vollständig entwickeltes Jungtier zur Welt. Das Weibchen säugt das Kleine. Die Männchen versorgen und beschützen alle Jungen ihrer Kolonie.

FEINDE
Während ihrer nächtlichen Flüge werden Vampirfledermäuse von Eulen angegriffen.

Der

Wanderfalke

KRÄFTE:

WISSENSCHAFTLICHER NAME:

Falco peregrinus

KLASSE: Vögel
ORDNUNG: Falkenartige
FAMILIE: Falken

Der Formel-1-Pilot am Himmel

Wenn der edle Wanderfalke fliegt, scheint sich der Rest der Welt in Zeitlupe zu bewegen. Ein Wunder der Aerodynamik, dieser blitzschnelle Rennfahrer der Lüfte.

Das Männchen führt dem Weibchen im Vorfeld der Paarung spektakuläre Flugkunststücke vor.

SUPER

SCHNELLIGKEIT

Der Wanderfalke ist der schnellste Vogel und überhaupt das schnellste Tier der Welt. Sein stromlinienförmiger, muskulöser Körper ist in der Lage, sich mit rasender Geschwindigkeit fortzubewegen und im Flug mit großer Genauigkeit zu manövrieren. Seinen berühmten atemberaubenden Sturzflug, bei dem er schneller als 300 km/h werden kann, macht ihm keiner nach. Aufgrund dieser Fähigkeit ist er ein unerbittlicher Jäger. Beim Geradeausflug kann er auf kurzen Distanzen Geschwindigkeiten bis zu 120 km/h erreichen. Für den Flugzeugbau orientiert sich die aerodynamische Forschung an ihm und untersucht seine körperlichen Eigenschaften gründlich.

SUPER

SEHVERMÖGEN

Mit einer ungewöhnlichen Sehschärfe ausgestattet, sieht der Wanderfalke fast dreimal besser als der Mensch (und nur einige Adlerarten können genauso gut sehen). Das liegt an seinen röhrenförmigen Augen, die über große Pupillen und viele Sehzellen verfügen. Sein hervorragender Sehsinn geht mit der Fähigkeit einher, die Sinneseindrücke blitzschnell zu verarbeiten. Im Verhältnis zum Kopf sind die Augen sehr groß, wodurch sie nicht sehr beweglich sind. Daher muss der Wanderfalke den Kopf weit drehen, wenn seine Beute nicht direkt vor ihm, sondern weiter entfernt ist.

Der Wanderfalke dominiert die Ökosysteme, weil er sich von anderen Vögeln ernährt und der schnellste und tödlichste von allen ist. An Flughäfen verhindert seine Anwesenheit, dass andere Vögel die Bahnen überfliegen und mit Flugzeugen zusammenstoßen.

GRÖßE
Mittelgroßer Vogel. Ein ausgewachsenes Exemplar ist zwischen 34 und 58 cm lang und hat eine Spannweite von etwa 120 cm (das Männchen ist kleiner als das Weibchen). Das Gewicht liegt zwischen 750 und 1500 g.

FARBE
Die Federn an der Oberseite sind von einem dunklen Blaugrau, während die an Hals und Unterseite weiß sind und schwarze Flecken aufweisen. Die schwarzen Federn an der Vorderseite des Kopfes und im Nacken ähneln einem Helm.

BESONDERE MERKMALE
Der Kopf des Wanderfalken ist rundlich, der Schnabel hakenförmig. Die Beine sind kurz, die Krallen kräftig. Die Flügel sind schmal und spitz.

ALTER
Wird 12 bis 15 Jahre alt. Allerdings überstehen sechs von zehn Wanderfalken ihr 1. Lebensjahr nicht.

VERBREITUNG
Der Wanderfalke tritt in bergigen Gegenden und felsigen Küstenlandschaften aller Kontinente außer Antarktika auf. Auch in baumbestandenen Gebieten einiger Städte kommt er vor.

NAHRUNG
Fleischfresser. Seine Kost beruht auf Vögeln, die er im Flug jagt. In seltenen Fällen erbeutet er auch Fledermäuse, Ratten, Mäuse, Hasen und Eichhörnchen.

FORTPFLANZUNG
Er paart sich einmal jährlich, immer an derselben Stelle. Das Weibchen legt zwischen zwei und fünf Eier, die sie etwa 30 Tage lang bebrütet. Die Jungvögel fliegen nach etwa 40 Tagen aus.

FEINDE
Der größte Fressfeind des Wanderfalken ist der Uhu, der tagsüber das Nest angreift, um Eier und Küken zu fressen, und nachts den ausgewachsenen Falken im Schlaf überrascht.

Die Ringelnatter

KRÄFTE: ★★★ (3 von 5)

WISSENSCHAFTLICHER NAME:
Natrix natrix

KLASSE: Reptilien
ORDNUNG: Schuppenkriechtiere
FAMILIE: Nattern

Die Meisterin im Totstellen

Dieser betrügerischen Schlange solltest du nicht über den Weg trauen. Um nicht gefangen zu werden, führt sie ihre Feinde an der Nase herum.

Mit hocherhobenem Kopf schlängelt sich die großartige Schwimmerin durchs Wasser.

SUPER IMITATION

★

Da sie nicht giftig ist, hat die Ringelnatter eine kreative Verteidigungsstrategie entwickelt: Sie täuscht ihren Tod vor, um sich vor ihren Feinden zu schützen. Dieses Verhalten bei Tieren nennt man Schreckstarre. Während ihres großen Auftritts liegt sie reglos auf dem Rücken, den Bauch voller Luft, womit sie das Aufgedunsensein durch Faulgase imitiert.

SUPER SUBSTANZEN

★★

Eine weitere ihrer Fähigkeiten ist es, den Mund offen stehen und die Zunge heraushängen zu lassen (mit ein paar Blutstropfen), während sie gleichzeitig die Pupillen verdreht und, als i-Tüpfelchen, aus ihrer Analdrüse ein stinkendes Sekret absondert, das jeden hungrigen Fressfeind abstößt.

SUPER GERUCHSSINN

★★★

Wenn sie die Zunge rausstreckt, um damit in der Luft zu schnuppern, kann sie chemische Substanzen wahrnehmen und dadurch Beute aufstöbern, Partner finden oder Verwandte erkennen, mit denen sich diese Schlangenart das Winterquartier teilt.

Als Teil der Nahrungskette in Feuchtgebieten haben Ringelnattern eine wichtige Funktion im Ökosystem – als Beute sowie als Raubtier.

GRÖSSE
Das Weibchen kann bis zu 120 cm lang werden, während das Männchen selten länger als 1 m wird.

FARBE
Die häufigste Farbe ist Olivgrün, sie können aber auch grau, bläulich oder schwarz sein. Die Haut ist von kleinen schwarzen Flecken bedeckt und der Bauch heller als die Oberseite. Junge Nattern haben neben zwei schwarzen zwei helle halbmondförmige Flecken am Hinterkopf. Dieser „Ring“ ist in den ersten Jahren sehr ausgeprägt, mit dem Alter wird er schwächer.

BESONDERE MERKMALE
Der Körper ist lang, biegsam und von Schuppen bedeckt. Der Schwanz ist spitz, Kopf und Maul sind rundlich. Die Pupillen sind (im Unterschied zu denen anderer Schlangenarten) rund.

ALTER
Wird 15 bis 25 Jahre alt.

VERBREITUNG
Lebt in Gewässernähe (bewegt sich aber auch geschickt an Land), in Uferwäldern, Feuchtgebieten und trockeneren Ökosystemen, in denen es Flüsse oder andere Wasserquellen gibt. Sie kommt fast in ganz Europa vor (außer im Norden), im nordwestlichen Afrika und in Vorderasien.

NAHRUNG
Fleischfresserin. Frisst in erster Linie Frösche und Kröten, ernährt sich aber auch von kleinen Mäusen, Fischen, Echsen, Eidechsen, Insekten und Würmern.

FORTPFLANZUNG
Nach der Paarung sucht sich das Weibchen einen geschützten warmen und feuchten Ort (verrottende Pflanzen, Misthaufen), wo sie die Eier ablegt. Die Jungtiere sind sofort nach dem Schlüpfen vollkommen unabhängig.

FEINDE
Raubvögel (Schlangenadler, Uhus, Eulen, Habichte, Bussarde), sonstige große Vögel (Reiher und Störche) sowie Säugetiere (Marder, Dachse, Ginsterkatzen, Otter, Igel und Katzen).

Der Weiße Hai

KRÄFTE: ★★★★☆

WISSENSCHAFTLICHER NAME:
Carcharodon carcharias

KLASSE: Knorpelfische
ORDNUNG: Makrelenhaiartige
FAMILIE: Makrelenhaie

Das mächtigste Tier des Ozeans

Seine Elektrosensoren spüren jedes Lebewesen auf, das sich im Wasser bewegt. Sich am Meeresgrund verstecken? Keine gute Idee ...

Die stärksten Jungtiere fressen die schwachen sowie die noch geschlossenen Eier.

SUPER SENSOREN

★

An seinem Kopf befindet sich ein Netz aus Kanälen, gefüllt mit einer Art Gel, das auf elektrische Felder reagiert. Die damit verbundenen Rezeptoren (Lorenzinische Ampullen) fangen die elektrischen Impulse von Beutetieren auf – selbst am dunkelsten Meeresboden – sowie das Erdmagnetfeld. Letzteres dient dem Hai als Kompass und ist besonders auf langen Reisen nützlich.

SUPER SEHVERMÖGEN

★★

Der hoch entwickelte Sehsinn hilft dem Weißen Hai beim Verfolgen der Beute. Seine Augen haben ähnlich wie bei Nachttieren eine Membran *(Tapetum lucidum)*, die das eindringende Licht reflektiert und verstärkt, was seine Sehfähigkeit in tiefem Wasser verbessert.

SUPER GERUCHSSINN

★★★

Durch zwei Nasenöffnungen dringt Wasser in die Nasenhöhle ein, mit der der Geruch wahrgenommen wird. Damit ist der Weiße Hai in der Lage, einzelne Moleküle im Blut unter 1 Million Wassermolekülen zu erfassen und so seine Beute aufzuspüren.

SUPER BISSKRAFT

★★★★

Seine Bisskraft ist 300-mal stärker als die des Menschen. Außerdem verfügt er über mehrere Reihen breiter und spitzer Zähne mit einer Sägekante, die eine tödliche Waffe darstellen.

Der Weiße Hai säubert den Meeresboden von toten Tieren, die sich dort abgelagert haben. Er frisst alte und kranke Fische, was für ein Gleichgewicht in deren Population sorgt und verhindert, dass sich Krankheiten ausbreiten.

GRÖẞE
Durchschnittliche Länge: 4 bis 6 m (sie wachsen immer weiter). Gewicht: 1000 bis 2000 kg. Die Weibchen sind größer als die Männchen.

FARBE
Ungeachtet des Namens ist der Weiße Hai nur an der Unterseite weiß, der Rest ist blaugrau. Damit tarnt er sich von oben gesehen am dunklen Meeresboden. Von unten kann man ihn mit Sonnenlicht verwechseln.

BESONDERE MERKMALE
Auffällig an seinem kräftigen Körper sind die beiden großen Brustflossen und die unverwechselbare dreieckige Rückenflosse. Die Schwanzflosse hat die Form eines Halbmonds. Die Schnauze ist kegelförmig und das rundliche Maul riesig. Nasenöffnungen und Augen sind klein. An den Seiten hat der Weiße Hai fünf Kiemenspalten. Die Haut ist von stabilen spitzen Schuppen bedeckt.

ALTER
Männchen können über 70 Jahre, Weibchen bis zu 40 Jahre alt werden.

VERBREITUNG
Der Weiße Hai kommt in warmen, gemäßigten und nicht allzu tiefen Meeresgewässern vor. Er lebt in Küstennähe, in felsigen oder sandigen Gegenden, wo er am besten Nahrung findet.

NAHRUNG
Fleischfresser. Frisst Fische, Delfine, Seelöwen, Kalmare, Kraken, Sepien, Schildkröten, Pinguine, Aas, Vögel und sogar andere Haie.

FORTPFLANZUNG
Das Männchen überträgt das Sperma auf das Weibchen und befruchtet so die Eier in ihrem Inneren. Nach 1 Jahr schlüpfen die Jungtiere bereits im Bauch und werden von der Mutter abgestoßen. In der Regel kommen jedes Mal drei bis vier Junge zur Welt, die sich umgehend von der Mutter entfernen, um nicht gefressen zu werden.

FEINDE
Der einzige natürliche Feind des Weißen Hais ist der Schwertwal. Die Hauptbedrohung geht vom Menschen aus, der Jagd auf ihn macht.

Die

Kamikaze-Ameise

KRÄFTE:

WISSENSCHAFTLICHER NAME:
Colobopsis saundersi

KLASSE: Insekten
ORDNUNG: Hautflügler
FAMILIE: Ameisen

Die Sprengstoffexpertin aus Malaysia

Aufopferung für die Gemeinschaft war nie konsequenter: Die kleine Ameise zögert nicht, ihren giftigen Körper zur Explosion zu bringen, um den Staat zu schützen.

Sendet über den Boden einen Ton aus, der vor Gefahr warnt oder Nahrungsquellen verrät.

SUPER

SUBSTANZEN

In den Eingeweiden der Arbeiterinnen befindet sich ein aggressives klebriges Gift, mit dem sie Feinde der Kolonie verätzen und lähmen können. Um dieses Gift einzusetzen, müssen sie allerdings ihren Körper zur Explosion bringen und so ihr Leben opfern.

SUPER

TEAMGEIST

Sie lebt und arbeitet für die Gemeinschaft. Die Millionen Ameisen jedes Staates arbeiten wie ein einziges Individuum zusammen, um das Überleben aller zu gewährleisten. Ihre Superkraft ist die kollektive Intelligenz.

SUPER

GERUCHSSINN

So viele Geruchsrezeptoren wie sie hat sonst kein Insekt (über 400; andere Insekten haben 60 bis 80). Zur Kommunikation hinterlässt sie Substanzen auf der Erde, die ihre Gefährtinnen über die langen beweglichen Antennen wahrnehmen können.

SUPER

STÄRKE

Sie ist in der Lage, das 50-fache ihres Körpergewichts zu heben. Lasten trägt sie mit ihrem kleinen, aber kräftigen Mundwerkzeug.

Etwa die Hälfte aller krautigen Pflanzen ist zur Verbreitung ihrer Samen auf Ameisen angewiesen. Umgekehrt finden diese unter den Pflanzen geschützte Nistplätze und Nahrung.

GRÖẞE
Länge: 6 bis 12 mm.

FARBE
Verschiedene Rot- und Brauntöne.

BESONDERE MERKMALE
Verfügt über zwei Antennen am Kopf, die knieförmig gebogen sind. Die Kiefer sind klein. Im Hinterleib (der viel länger ist als bei anderen Ameisen) produziert und lagert sie das aggressive zähflüssige Gift.

ALTER
Die Arbeiterin wird 2 Jahre, die Ameisenkönigin 15 Jahre alt.

VERBREITUNG
Baut ihr Nest im feuchten Holz der Bäume in den Regenwäldern Malaysias und anderer Gegenden in Südostasien.

NAHRUNG
Allesfresserin. Ernährt sich von toten Insekten, Früchten, Blumen, Fleisch und Fett.

FORTPFLANZUNG
Die Ameisenkönigin paart sich mit mehreren Männchen. Anschließend sterben die Männchen und die Königin legt täglich Hunderte von Eiern. Die Arbeiterinnen versorgen den Nachwuchs während der sensiblen Entwicklung vom Ei über die Larve und Puppe hin zur Ameise. Die Larven der künftigen Königinnen werden besonders hochwertig ernährt.

FEINDE
Frösche, Kröten, Salamander, Schlangen, Spinnen und Vögel.

Der

Nachtfalter

KRÄFTE:

✱ ✱ ✱ ✱ ✱

WISSENSCHAFTLICHER NAME:
Tineidae* und *Saturniidae

KLASSE: Insekten
ORDNUNG: Schmetterlinge
FAMILIE: Echte Motten und Pfauenspinner

Der unbekannte Star der Dunkelheit

Von diesem mit dem Schmetterling verwandten Insekt gibt es etwa 250.000 verschiedene Arten auf der ganzen Welt.

In seinem kurzen Leben nach dem Raupen- und Puppenstadium frisst er nicht mehr, sondern pflanzt sich nur fort.

✱

SUPER

SENSOREN

Er ist mit Sensoren ausgestattet, die die Pheromone (eine chemische Substanz) anderer Nachtfalter auf eine Entfernung von bis zu 20 km registrieren können. Mithilfe dieser chemischen Sprache tauscht er sich mit anderen Nachtfaltern oder Insekten über Nahrung, Gefahren und Paarungsbereitschaft aus.

✱✱

SUPER

GERUCHSSINN

Die Riechorgane befinden sich in den Antennen. Motten mögen interessanterweise den Duft bestimmter Pflanzen wie Lavendel oder Rosmarin nicht.

✱✱✱

SUPER

GEHÖR

Nachtfalter haben das feinste Gehör des Tierreichs und können Ultraschallfrequenzen bis zu 300 kHz wahrnehmen. Diese Frequenzen nutzen Fledermäuse zur Jagd, daher handelt es sich wahrscheinlich um eine Anpassungsstrategie zur Verteidigung.

✱✱✱✱

SUPER

IMITATION

Der Nachtfalter ist ein Meister der Tarnung. Die Zeichnung seiner Flügel imitiert das Aussehen gefährlicherer Insekten wie Wespen oder Spinnen oder ahmt die Form von Vogelkot nach. Mit dieser Wandlungsfähigkeit entkommt er seinen Räubern.

Pflanzen, die nachts blühen, hängen für die Bestäubung zum Großteil von Nachtfaltern ab.

GRÖSSE
Die Kleidermotte ist mit angelegten Flügeln etwa 7 bis 8 mm lang. Das Große Nachtpfauenauge ist das größte Insekt Europas. Die Weibchen dieses Nachtfalters können eine Flügelspannweite von bis zu 17 cm erreichen.

FARBE
Tarnt sich in der Nacht mit einer Reihe von Erdtönen: Rot, Schwarz, Gelb, Orange, Braun und Weiß. Weist in der Regel keine leuchtenden Farben auf.

BESONDERE MERKMALE
Ähnlich wie alle Schmetterlinge hat der Nachtfalter glatte Flügel, die an den Rändern behaart sind, und lange dünne Antennen. Auffällig ist der rötliche Haarschopf am Oberkopf und die außergewöhnlich lange und gebogene Zunge.

ALTER
Die Männchen leben etwa 30 Tage, die Weibchen höchstens halb so lang.

VERBREITUNG
Nachtfalter sind hochgradig anpassungsfähig und kommen in allen Lebensräumen außer an den Polen vor.

NAHRUNG
Pflanzenfresser. Ernährt sich u. a. von Naturfasern wie Wolle oder anderen Textilien sowie von Lebensmitteln.

FORTPFLANZUNG
Pflanzt sich intensiv fort: Die Kleidermotte kann zwischen 30 und 200 Eier legen, die sie mit einer klebrigen Substanz auf Oberflächen befestigt. Aus den Eiern schlüpfen Raupen, die sich verpuppen und schließlich in Motten verwandeln (Metamorphose).

FEINDE
U. a. Vögel, Fledermäuse und Spinnen.

Der

Narwal

KRÄFTE:

★★★★

WISSENSCHAFTLICHER NAME:

Monodon monoceros

KLASSE: Säugetiere
ORDNUNG: Wale
FAMILIE: Gründelwale

Das Einhorn der Meere

Er wird so genannt wegen seiner Ähnlichkeit mit dem Fabelwesen. Bei dem Horn des Narwals handelt es sich um einen riesengroßen Stoßzahn, der nachwächst, wenn er abbricht.

Etwa jedes 500. Männchen hat zwei Stoßzähne. Das kommt vor, wenn der kleinere rechte Zahn auch wächst.

★

SUPER

TASTSINN

Sein „magischer" Stoßzahn hat Millionen Nervenenden, die auf die Temperatur, den Salzgehalt und den Druck des Wassers reagieren. Dadurch weiß der Narwal, in welcher Tiefe er sich befindet, wo es eisfreie Stellen zum Auftauchen gibt und wann es schneien wird.

★★

SUPER

LAUTE

Zur Verständigung mit anderen Narwalen stößt er Pfiffe aus. Die Klicklaute seines Systems zur Echoortung schwellen in der Nähe seiner Beute zu einem lauten Brummen an.

★★★

SUPER

MUTTER

Nach einer Tragzeit von 15 Monaten bringt das Weibchen in der Regel nur ein Junges zur Welt. Das säugt sie bis zu 20 Monate lang, wodurch eine sehr enge und besondere Beziehung zwischen Mutter und Kind entsteht.

★★★★

SUPER

RADAR

Der Narwal verfügt vermutlich über das beste Echoortungssystem der Welt. Bei der Jagd stößt er Klicklaute aus, die für das menschliche Ohr unhörbar sind. Die Töne werden von Objekten reflektiert und ergeben ein Bild der Umgebung.

Die Ausscheidungen von Walen generell sind nährstoffreich und dienen Mikroalgen (Phytoplankton) als Nahrung. Diese werden von winzigen Krebstieren gefressen. Von denen, dem sogenannten Krill, ernähren sich wiederum viele Tierarten.

GRÖSSE
Der Narwal ist 4 bis 5 m lang und wiegt zwischen 800 und 1600 kg.

FARBE
Bei der Geburt ist die Haut hellgrau, bräunlich oder weißlich und noch nicht gesprenkelt. Mit der Zeit nimmt sie einen schwärzlichen Ton an, der im Laufe der Jahre immer mehr Flecken aufweist. Im Alter ist die Haut fast weiß.

BESONDERE MERKMALE
Erwachsene Männchen verfügen über einen Stoßzahn, der schraubenförmig gedreht wächst. Es handelt sich um den linken Eckzahn des Oberkiefers, der bis zu 3 m lang werden kann. Bei Weibchen kommt er so gut wie nie vor.

ALTER
Wird 50 bis 70 Jahre alt. In Gefangenschaft nicht überlebensfähig.

VERBREITUNG
Im Winter lebt der Narwal im eisigen Wasser des Arktischen Ozeans und des Nordatlantiks, in der Nähe des Packeises. Im Sommer zieht er noch weiter nach Norden an die dortigen Küsten.

NAHRUNG
Er ernährt sich hauptsächlich von Fischen (außerdem frisst er Kalmare und Krill). Um sie zu fangen, taucht er bis zu 1500 m tief und kann etwa 25 Minuten unter Wasser bleiben.

FORTPFLANZUNG
Die Paarung findet in senkrechter Stellung statt, indem Männchen und Weibchen zur Übertragung des Spermas die Bäuche aneinanderlegen. Nach 15 Monaten bringt das Weibchen ein einziges Jungtier zur Welt, das sie fast 2 Jahre lang säugt.

FEINDE
Die natürlichen Fressfeinde sind Haie, Eisbären und Schwertwale. Allerdings stellen heutzutage Umweltverschmutzung und Klimawandel die größte Bedrohung für den Narwal dar.

Der

Stierkopf-Dungkäfer

KRÄFTE: ★★★

WISSENSCHAFTLICHER NAME:
Onthophagus taurus

KLASSE: Insekten
ORDNUNG: Käfer
FAMILIE: Blatthornkäfer

Das außergewöhnliche Kraftpaket

Überraschung! Der kleine Dungkäfer gilt als das stärkste Tier der Welt. Nichts für ungut, winzige Hornmilbe.

Nach dem Dungsammeln kehrt er schwer beladen auf schnurgeradem Weg nach Hause zurück.

SUPER
STÄRKE

★

Der Stierkopf-Dungkäfer kann das 1141-fache seines Körpergewichts stemmen. Dazu steckt er viel Energie in die Entwicklung eines überaus starken Exoskeletts. Seine beiden Hinterbeine rollen die Dungkugeln und übernehmen damit fast die ganze Arbeit beim Transport.

SUPER
GERUCHSSINN

★★

Seine leistungsstarken Antennen, die mit zahlreichen Geruchssensoren ausgestattet sind, ermöglichen ihm, den Gestank von Exkrementen, seiner Hauptnahrungsquelle, zu erfassen, sogar über große Entfernungen.

SUPER
SEHVERMÖGEN

★★★

Er ist in der Lage, den Glanz der Milchstraße wahrzunehmen (anhand des Kontrasts zwischen Hell und Dunkel) und orientiert sich an Sonne und Mond, um in gerader Linie nach Hause zurückzukehren. Kein Hindernis, seien es steile Abhänge oder Stufen, kann ihn vom Rückweg abbringen.

Der Käfer verteilt, zerpflückt und vergräbt Tierkot. Mit dem Dung, den er einsammelt und in Kugelform mit den Beinen transportiert, sorgt er für die Fruchtbarkeit des Bodens.

GRÖßE
Länge: zwischen 6 und 11 mm.

FARBE
Schwarz oder rötlich mit einem leicht silbrigen Glanz auf dem Rücken.

BESONDERE MERKMALE
Sein Körper ist dreigeteilt in Kopf, Rumpf (Thorax) und Hinterleib (Abdomen). Am Kopf hat er zwei rautenförmige Antennen, zwei Augen und ein Maul. Aus dem Rumpf wachsen drei Paar kräftige behaarte Beine. Der ganze Körper wird von einem extrem stabilen Exoskelett geschützt. Auf beiden Seiten des Hinterleibs befinden sich die Stigmen, mit denen er atmet.

ALTER
Wird etwa 1 Jahr alt.

VERBREITUNG
Kommt auf allen Kontinenten vor, außer Antarktika. Kann sich an ganz unterschiedliche Ökosysteme anpassen. Der Stierkopf-Dungkäfer bohrt Tunnel, in denen er die Kugeln aus Tierkot vergräbt.

NAHRUNG
Ernährt sich vor allem von Dung, der reich an Kohlenhydraten, Vitaminen, Mineralstoffen, Stickstoff und Bakterien ist.

FORTPFLANZUNG
Das Männchen rollt eine große Dungkugel, in die das Weibchen drei oder vier Eier ablegt. Sobald die Larven geschlüpft sind, ernähren sie sich von der Kugel.

FEINDE
Insekten, Reptilien, Vögel und Säugetiere ihres Lebensraums.

Der Eisbär

KRÄFTE:

★★★★★★★

WISSENSCHAFTLICHER NAME:
Ursus maritimus

KLASSE: Säugetiere
ORDNUNG: Raubtiere
FAMILIE: Großbären

Der König der Arktis

Eines der gefürchtetsten Tiere an den Küsten des Arktischen Ozeans. Begegnet man ihm, ist Flucht keine Option, weder übers Eis noch durchs Wasser, denn der Eisbär kann hervorragend schwimmen.

Wenn er aus dem Wasser kommt, genügt ein kurzes Schütteln, dann ist sein Fell wieder trocken.

★

SUPER
GERUCHSSINN

Der Eisbär ist neben dem Afrikanischen Elefanten wohl das Tier mit dem besten Geruchssinn der Welt. Damit kann er ein Beutetier oder einen Kadaver auf 30 km Entfernung wahrnehmen sowie die Spur anderer Bären erkennen.

★★

SUPER
BISSKRAFT

Er verfügt über 42 große scharfe Zähne und sein Biss ist kräftiger als der von Königstiger und Löwe.

★★★

SUPER
SEH-VERMÖGEN

Seine Augen haben ein drittes Lid, das sie (wie eine Sonnenbrille) vor den Lichtreflexen auf dem Eis schützt.

★★★★

SUPER
MUTTER

Das trächtige Weibchen frisst sich voll, um für eine ausreichende Energiereserve zu sorgen. In den folgenden Monaten bleibt es in der Höhle, wo es die hilflosen (zunächst blinden und zahnlosen) Jungen zur Welt bringt und säugt. Später bringt die Mutter den Kleinen bei, nach Nahrung zu suchen, und beschützt sie vor Gefahren.

★★★★★

SUPER
STÄRKE

Der Eisbär kann seine Beute mit einem einzigen Prankenhieb töten und sie dann leicht aus dem Wasser fischen.

★★★★★★

SUPER
LUNGE

Er hält es in 5 m Wassertiefe 2 Minuten aus und kann 100 km ohne Pause schwimmen.

★★★★★★★

SUPER
BEINE

Jede Tatze des Eisbären verfügt über fünf hakenförmige Krallen, mit denen er seine Beute fängt und durch den Schnee läuft. Das Fell an seinen Fußsohlen verhindert, dass er auf dem Eis ins Rutschen gerät. Außerdem ist er überaus schnell: In vollem Lauf kann er bis zu 40 km/h erreichen.

Als Raubtier hält der Eisbär die Robbenpopulation in Schach. Außerdem ernährt er sich von Walrossen, Belugas, Moschusochsen, Rentieren, Vögeln und Vogeleiern der Arktis.

GRÖẞE
Ein ausgewachsenes Männchen wiegt 350 bis 700 kg und kann über 2,50 m lang werden. Das Weibchen wiegt in der Regel die Hälfte und ist etwa 2 m lang.

FARBE
Sein Fell erscheint weiß, ist aber transparent. Die Art, wie sich das Licht zwischen den Haaren spiegelt, verleiht ihm die charakteristische Färbung. Die Haare sind hohl und mit Luft gefüllt und dienen als Isolierschicht. Die Haut unter dem Fell ist schwarz (wie die Nase), um die Wärme der Sonnenstrahlen zu absorbieren und zu halten. Und die Zunge ist blau!

BESONDERE MERKMALE
Der robuste Sohlengänger hat kurze, aber kräftige Beine, einen flachen Kopf, ein großes Maul und kraftvolle Kiefer. Schwanz und Ohren sind klein, um den Wärmeverlust gering zu halten. Unter der Haut haben Eisbären eine dicke Fettschicht, die sie vor der Kälte schützt.

ALTER
Wird 25 bis 30 Jahre alt.

VERBREITUNG
Die eisigen Gegenden im ewigen Winter der Arktis. Der Eisbär geht und rennt gewandt über große Eisflächen, ist aber auch ein guter Schwimmer und taucht im kalten Meerwasser.

NAHRUNG
Der hungrige Fleischfresser ist das größte Landraubtier der Arktis und der Erde und benötigt täglich etwa 30 kg Nahrung. Er jagt vor allem Robben, deren Haut und Fett er frisst. Wasser trinkt er nicht; die nötige Flüssigkeit bezieht er aus dem Blut seiner Beute.

FORTPFLANZUNG
Die Weibchen paaren sich nur alle 3 Jahre. Während der Paarungszeit kommt es zu zahlreichen Kämpfen zwischen den Männchen.

FEINDE
Der Eisbär hat keine natürlichen Feinde. Sein größter Feind ist der Mensch, der ihn jagt und verantwortlich ist für die Umweltschäden mit ihren fatalen Folgen für die Arktis.

Die

Südliche Schwarze Witwe

KRÄFTE:

WISSENSCHAFTLICHER NAME:
Latrodectus mactans

KLASSE: Spinnentiere
ORDNUNG: Webspinnen
FAMILIE: Kugelspinnen

Ihr Gift ist 15-mal stärker als das der Klapperschlange.

Das allseits gefürchtete Weibchen

Die Spinne mit dem schlechten Ruf ist eigentlich eine stille, einsame Dame, taub und halb blind. Den Hof machen sollte man ihr allerdings besser nicht: Nach der Paarung tötet und frisst das Weibchen das Männchen.

SUPER
SUBSTANZEN

Die Spinnenseide, mit der sie ihr Netz spinnt, ist so stabil wie Drahtseil. Wie macht sie das? Die Spinne ist in der Lage, Proteine in Seidenfasern zu verwandeln. Damit webt sie Fallen, um Insekten und Spinnentiere zu fangen. Sobald die ihr ins Netz gegangen sind, injiziert sie ihnen Gift. Anschließend bedeckt sie ihre Beute mit Verdauungsenzymen, um sie zu zersetzen. Sie greift zwar nur an, wenn sie sich bedroht fühlt, aber ihr Gift ist sehr stark. Für Menschen ist es gefährlich, allerdings nur selten tödlich.

SUPER
TASTSINN

Mit den Haaren an ihren Beinen nimmt sie Luftschwingungen wahr, wie sie von Tönen erzeugt werden. Auch elektrische Felder registriert sie. Mithilfe dieser Fähigkeit sammelt die Schwarze Witwe Informationen aus der Umgebung und gleicht so ihr nicht vorhandenes Gehör und die Schwäche ihrer acht Augen aus. Die Luftschwingungen signalisieren ihr, wenn Beute ins Netz gegangen ist. Mit dem Männchen verständigt sie sich außerdem über die Vibrationen des Spinnennetzes.

Wo die Südliche Schwarze Witwe lebt, können sich Insekten nicht zu stark ausbreiten. Forscher untersuchen sie, um Näheres über ihr Netz und ihr Gift herauszufinden.

GRÖSSE
Mit ausgestreckten Beinen kann das Weibchen 35 mm groß werden, das Männchen (das 30-mal leichter ist) nur 18 mm.

FARBE
Das Weibchen ist glänzend schwarz und hat auf dem Unterleib einen roten sanduhrförmigen Fleck. Das Männchen ist braunschwarz. Seitlich am Unterleib hat es jeweils vier rote und weiße Streifen.

BESONDERE MERKMALE
Der Körper ist zweigeteilt in Kopf, der mit dem Rumpf (Thorax) verbunden ist (aus dem acht lange Beine wachsen), und Unterleib (Abdomen).

ALTER
Wird 1 bis 3 Jahre alt.

VERBREITUNG
Die Schwarze Witwe mag geschützte dunkle Hohlräume und Löcher und versteckt sich zwischen Steinen, Holz oder Baumrinde. Sie kommt hauptsächlich in trockenen Gegenden im Osten der USA und in Mexiko vor.

NAHRUNG
Fleischfresserin. Sie frisst Insekten (u. a. Wanzen, Fliegen, Mücken) und andere Spinnentiere.

FORTPFLANZUNG
Das Männchen webt ein Päckchen, in dem es das Sperma ablegt. Das bringt es zum Weibchen, um es zu befruchten. Das Weibchen verteilt die befruchteten Eier auf verschiedene Kokons und hängt diese ans Netz. Die frisch geschlüpften Jungtiere fressen sich gegenseitig, sodass nur wenige überleben.

FEINDE
Vögel, Insekten und kleine Insektenfresser.

KRÄFTE:

★★★★★

WISSENSCHAFTLICHER NAME:

Acinonyx jubatus

KLASSE: Säugetiere
ORDNUNG: Raubtiere
FAMILIE: Katzen

Der Gepard

Obwohl er zu den Raubkatzen gehört, kann der Gepard weder brüllen noch auf Bäume klettern.

Der weltbeste Sprinter

Er fordert die Naturgesetze heraus. Sein Körperbau ermöglicht es ihm zu fliegen, ohne vom Boden abzuheben.

★

SUPER

SCHNELLIGKEIT

Er ist das schnellste Landtier der Welt und kann auf kurzen Distanzen von 400 bis 500 m Geschwindigkeiten von 115 km/h erreichen. Außerdem kann er in nur 3 Sekunden von 0 auf 96 km/h beschleunigen, blitzschnell die Richtung wechseln und ganz plötzlich bremsen.

★★

SUPER

SEHVERMÖGEN

Er zeichnet sich durch ein hervorragendes Sehvermögen aus. Wenn er Hunger hat, nutzt er seine Sehschärfe, um mögliche Beute auf Entfernungen von bis zu 5 km ausfindig zu machen und sie während der Verfolgung nicht aus den Augen zu lassen.

★★★

SUPER

BEINE

Der Gepard ist Zehengänger, das heißt, er setzt beim Gehen nur die Vorderpfote auf, die gepolstert ist, um im Schlamm nicht zu rutschen. Das ermöglicht ihm die Jagd auf feuchtem Untergrund. Seine im Gegensatz zu anderen Katzen nur halb einziehbaren Krallen geben ihm Halt und erleichtern die Beschleunigung.

★★★★

SUPER

INTELLIGENZ

Um bei seiner anstrengenden Jagd keine Energie zu verschwenden, lässt sich der Gepard bei der Auswahl seiner Beute viel Zeit und wartet geduldig auf den passenden Moment zum Angriff.

★★★★★

SUPER

MUTTER

Bis zur ersten Paarungsbereitschaft der Jungtiere lebt die Mutter allein (ohne das Männchen) mit den Kleinen. Falls nötig kümmert sie sich auch um fremde verwaiste Junge.

Die Anwesenheit des Gepards sorgt für ein Gleichgewicht in seinem Ökosystem. Indem er ungeschickte, schwache oder kranke Tiere jagt, die leichter zu fassen sind, begünstigt er das Überleben der angepassteren Individuen.

GRÖẞE
Mit einer Kopf-Rumpf-Länge von 110 bis 150 cm ist der Gepard kleiner als die meisten Großkatzen. Sein Schwanz ist 55 bis 80 cm lang (fast halb so lang wie sein Körper). Das Gewicht schwankt zwischen 35 und 60 kg.

FARBE
Sein Fell ist ockerfarben mit schwarzen Flecken. Der Halsbereich ist weiß. Im Gegensatz zum Leoparden hat er zwei schwarze Streifen, die sich von den Augen bis zur Schnauze ziehen (und seine Flecken sind kleiner und runder).

BESONDERE MERKMALE
Sein aerodynamischer Körperbau ist für den Sprint geschaffen. Er verfügt über ein kräftiges Herz (das voluminöseste aller Katzen), eine große Lunge und breite Nasenhöhlen – wichtige Voraussetzungen für ausreichende Atmung beim Rennen. Sein langer Schwanz sorgt bei der Jagd für Stabilität.

ALTER
Wird 10 bis 12 Jahre alt in freier Wildbahn und über 20 Jahre in Gefangenschaft.

VERBREITUNG
Ausgedehnte, offene Gebiete wie Halbwüsten, Steppen und Savannen. Die größten Vorkommen gibt es in Afrika und Vorderasien.

NAHRUNG
Fleischfresser. Ernährt sich vor allem von Gazellen und Impalas, jagt aber auch größere Säugetiere wie Gnus und Zebras.

FORTPFLANZUNG
Das Weibchen hat nur bei Kontakt mit einem Männchen einen Eisprung (induzierte Ovulation). Nach einer Tragzeit von 90 bis 100 Tagen kommen etwa drei bis fünf Junge zur Welt. Die Mutter zieht die Kleinen allein auf, schon nach wenigen Monaten bringt sie ihnen das Jagen bei.

FEINDE
Große Aasfresser (wie Hyänen) und andere Raubtiere wie Löwen und Leoparden, die dem Geparden die Beute abjagen. Deshalb nutzt er den Mittagsschlaf seiner Feinde zur Jagd.

Der

Kugelfisch

KRÄFTE:

WISSENSCHAFTLICHER NAME:
***Tetraodontidae* (Familie)**

KLASSE: Strahlenflosser
ORDNUNG: Kugelfischartige
FAMILIE: Kugelfische

Der teuflische Giftball

Wer seine lustige Form auf die leichte Schulter nimmt, bekommt möglicherweise ernste Probleme. Das Gift nur eines Exemplars dieser einzigartigen Fischfamilie kann 30 Menschen töten.

Nur erfahrene Köche können den Kugelfisch zubereiten, ohne dass die Esser vergiftet werden.

SUPER
IMITATION

Um seine Fressfeinde zu beeindrucken, bläst der kleine, scheinbar ungefährliche Fisch seinen Körper wie einen Ballon auf. Die kugelförmige Gestalt erreicht er, indem er seinen flexiblen Magen blitzschnell mit Wasser oder Luft füllt. Einige Kugelfischarten können zudem die Farbe wechseln, um sich ihrer Umgebung anzupassen.

SUPER
SUBSTANZEN

Die Eingeweide des Kugelfischs enthalten ein tödliches Gift (Tetrodotoxin), das 1200-mal giftiger ist als Cyanid. Mit dem Gift eines einzigen Exemplars kann man über 30 Menschen töten. Nach dem Schrecklichen Pfeilgiftfrosch und dem Steinfisch gilt der Kugelfisch daher als das drittgiftigste Wirbeltier der Welt. Ein Gegengift ist bis heute nicht entwickelt.

SUPER
SEHVERMÖGEN

Kugelfische verfügen über eine außergewöhnliche Sehkraft, die ihnen hilft, sich nähernde Fressfeinde schnell zu erkennen. Sie können gleichzeitig nach rechts und links schauen, weil sich ihre Augen unabhängig voneinander bewegen lassen. Diese Fähigkeit, über die wir Menschen nicht verfügen, sorgt dafür, dass ihnen kein Detail in der Umgebung entgeht.

Aus dem wirksamen Gift des Kugelfischs werden Medikamente hergestellt, die gegen Schmerzen aufgrund einer Verletzung oder einer Funktionsstörung des Nervensystems helfen.

GRÖẞE
Je nach Art sehr unterschiedlich. Der Zwerg- oder Erbsenkugelfisch ist nur 25 mm lang, während der Riesenkugelfisch 120 cm lang werden kann.

FARBE
Obwohl er seine Farbe verändern kann, ist er normalerweise gelb und grünlich mit schwarzen Flecken auf dem ganzen Körper.

BESONDERE MERKMALE
Er hat einen langen, robusten Körper. Der Kopf ist groß und breit. Sein schnabelähnliches Maul verfügt über kräftige Lippen und vier Zähne, mit denen er seine Beute zermalmt. Hinter seinem netten, grotesken Aussehen verbirgt sich ein dominanter, aggressiver Fisch.

ALTER
Wird 8 bis 10 Jahre alt.

VERBREITUNG
Die meisten Arten (weltweit über 120) leben in warmen tropischen und subtropischen Meeren. Sie halten sich normalerweise in seichtem Wasser zwischen Korallenriffen auf. Einige Arten leben im Süßwasser.

NAHRUNG
Allesfresser. Frisst Algen und kleine Wirbellose. Größere Arten können mit ihrem Schnabel Schalen knacken und fressen auch Weichtiere, Miesmuscheln oder Krebse.

FORTPFLANZUNG
Über 1 Woche lang gestaltet das Männchen perfekte Kreise und kunstvolle geometrische Muster auf dem Meeresboden. Mit diesem beeindruckenden Einsatz lockt es das Weibchen ins Zentrum des Kreises. Dort legt es die Eier ab, die das Männchen anschließend befruchtet.

FEINDE
Haie und große Fische sind seine natürlichen Feinde. Aber auch die Umweltverschmutzung, der Verlust seines Lebensraums und die ungezügelte Fischerei stellen ein großes Problem für ihn dar.

KRÄFTE: ✱✱✱✱✱

Die Hauskatze

WISSENSCHAFTLICHER NAME:
Felis silvestris catus

KLASSE: Säugetiere
ORDNUNG: Raubtiere
FAMILIE: Katzen

Die Fürstin der Finsternis

Sie herrscht im Morgengrauen über Häuser und Straßen der Stadt. Aufgrund ihrer Fähigkeiten als Jägerin ist die elegante Katze der Albtraum ihrer Beute.

Da es sich um ein Nachttier handelt, nimmt ihre Aktivität ab Nachmittag zu.

SUPER
SEHVERMÖGEN
✱

Die Katze hat eine Membran *(Tapetum lucidum)* hinten im Auge, die schwaches Licht in dunkler Umgebung verstärkt, wodurch sich ihre nächtliche Sehfähigkeit verdoppelt.

SUPER
GEHÖR
✱✱

Sie nimmt kleinste Geräusche von Nagetieren wahr. Ihre Ohren (mit über 32 Muskeln) kann sie unabhängig voneinander drehen und so die Richtung, aus der ein Geräusch kommt, bestimmen. Hochtechnologie!

SUPER
GERUCHSSINN
✱✱✱

Mit der Nase ermittelt sie, wem ein Revier gehört, findet Nahrung, identifiziert „ihre" Menschen und das Männchen riecht das rollige Weibchen. Der Geruchssinn der Katze ist 14-mal schärfer als der menschliche.

SUPER
TASTSINN
✱✱✱✱

Mit ihren Schnurrhaaren (Vibrissen) nimmt sie den Druck, die Richtung und die Geschwindigkeit der Luft oder Bewegungen wahr. Minimale Veränderungen werden direkt ans Nervensystem übertragen.

SUPER
BEINE
✱✱✱✱✱

Wie andere Zehengänger läuft die Katze auf den Polstern ihrer Zehen, mit denen sie die Bodentemperatur registriert und sich laut- und spurlos fortbewegt.

Die Katze ist eine geschickte Jägerin. Als Haustier sorgt sie dafür, dass Ratten und Mäuse ihrem Zuhause fernbleiben.

GRÖẞE
Eine erwachsene Katze ist etwa 45 cm lang (ohne Schwanz) und wiegt zwischen 2 und 9 kg (einige Rassen erreichen bis zu 11 kg).

FARBE
Sie können schwarz, weiß oder grau sein oder Gelb- und Orangetöne aufweisen. Eine Katze mit mehr als drei Farben ist immer weiblich. Das Fell bedeckt den gesamten Körper und kann fast unsichtbar, kurz, lockig, halblang oder lang sein.

BESONDERE MERKMALE
Ihr Körper hat über 230 Knochen, die für eine außergewöhnliche Beweglichkeit und Biegsamkeit sorgen. Sie besitzt einen Schwanz, der jedoch bei einigen Rassen fehlt. Ihre Krallen sind einziehbar. Solange sie nicht genutzt werden, bleiben sie verborgen, um nicht stumpf zu werden.

ALTER
Wird 12 bis 18 Jahre alt.

VERBREITUNG
Auf der ganzen Welt. Neben dem Hund ist sie das beliebteste Haustier der Erde.

NAHRUNG
Fleischfresserin (obwohl ein Großteil des Fertigkatzenfutters Reis, Mais und anderes Gemüse neben tierischen Proteinen enthält).

FORTPFLANZUNG
Das Weibchen ist mehrmals im Jahr rollig. In dieser Zeit frisst die Katze nicht und miaut dramatisch, um ihre Paarungsbereitschaft anzuzeigen. Falls nötig kämpft der Kater gegen andere Männchen, um das Weibchen zu erobern. Die Paarung ist sehr effektiv: Nach 62 bis 67 Tagen bringt die Katze zwischen zwei und sechs Junge zur Welt, die sie gewissenhaft versorgt.

FEINDE
Der schlimmste Feind der Katze ist nicht der Hund. Was sie in erster Linie fürchtet, ist das Unbekannte. Sie erträgt keine lauten Geräusche (was man gut bei Gewitter oder Feuerwerk beobachten kann).

KRÄFTE:

✱ ✱ ✱ ✱ ✱

Die Iberische Mauereidechse

WISSENSCHAFTLICHER NAME:
Podarcis hispanicus

KLASSE: Reptilien
ORDNUNG: Schuppenkriechtiere
FAMILIE: Echte Eidechsen

Die flinke Kletterkünstlerin

Wendig und sachte fordert die Eidechse kriechend die Schwerkraft heraus und täuscht ihre Angreifer, indem sie ihren zuckenden Schwanz abwirft.

Sie sonnt sich häufig, um ihre Körpertemperatur zu halten.

SUPER
BEINE
✱

An den Fußsohlen hat sie Polster aus Tausenden mikroskopisch kleiner Haare. Dadurch ist die Oberfläche im Kontakt mit dem Untergrund viel größer, was der Eidechse in Verbindung mit ihrem geringen Körpergewicht erlaubt, unbeweglich kopfüber oder an senkrechten glatten Wänden zu hängen.

SUPER
REGENERATION
✱ ✱

Bei Gefahr kann sie ruckartig ihren Schwanz abwerfen. Der bewegt sich auch noch nach der Trennung vom Körper und lenkt den Feind ab, während die Eidechse flieht. Dank der Stammzellen an dieser Stelle wächst der Schwanz wieder nach.

SUPER
GERUCHSSINN
✱ ✱ ✱

Mithilfe ihrer spitzen empfindlichen Zunge kann die Eidechse von Geburt an den Geruch ihrer Familienangehörigen und ihrer Fressfeinde unterscheiden.

SUPER
SEHVERMÖGEN
✱ ✱ ✱ ✱

Auf dem Oberkopf hat sie ein drittes Auge (Scheitelauge), mit dem sie Sonnenlicht wahrnehmen kann und das ihr bei der Orientierung hilft. Ihre Augen umfassen ein Gesichtsfeld von fast 360 Grad.

SUPER
INTELLIGENZ
✱ ✱ ✱ ✱ ✱

Sie verfügt über eine eigene Sprache, die aus einer Reihe von Kopf- und Rumpfbewegungen besteht und mit der sie kommuniziert und ihr Revier verteidigt.

Ihre Anwesenheit verhindert Plagen von Schnecken, Heuschrecken und anderen Insekten, die Ernten bedrohen. In Städten kontrolliert die Mauereidechse die Ausbreitung von Mücken, Fliegen, Spinnen, Käfern und Würmern.

GRÖßE
Kopf und Körper kommen zusammen auf 4 bis 7 cm, der Schwanz kann etwa 10 cm lang werden (manchmal doppelt so lang wie der restliche Körper). Sie wiegt nicht mehr als 4 g. Das Männchen ist ein bisschen größer.

FARBE
Färbung und Zeichnung der Haut sind unterschiedlich. Normalerweise herrschen Braun- und Grüntöne vor (an Rücken, Hals und Kopf manchmal auch Rottöne). Der Bauch ist heller.

BESONDERE MERKMALE
Der Kopf ist flach, der schlanke Körper endet in einem langen Schwanz und ist von einer dicken, wasserundurchlässigen Haut mit kleinen Schuppen bedeckt. Die Mauereidechse hat vier Beine mit jeweils fünf Zehen.

ALTER
Wird etwa 10 Jahre alt.

VERBREITUNG
Kommt häufig in felsigen Gebieten fast der gesamten Iberischen Halbinsel, Nordafrikas und im Nordosten der Pyrenäen vor. Sie versteckt sich zwischen Steinen, in Baumstämmen, Mauerspalten und anderen Schlupflöchern.

NAHRUNG
Frisst verschiedene Arten von Insekten (z. B. Ameisen, Fliegen, Mücken und Wanzen), Spinnen und Käfer.

FORTPFLANZUNG
Während der Paarungszeit veranstalten die Männchen Rennen und Kämpfe um das Recht zur Begattung. Das Weibchen legt mehrmals zwei bis drei Eier ab und versteckt sie. Sobald die Jungen geschlüpft sind, fressen sie das Gleiche wie die Mutter. Im 2. Lebensjahr sind sie bereits geschlechtsreif.

FEINDE
Die Mauereidechse ist Beute für Echsen, Schlangen, kleine Säugetiere wie Mauswiesel oder Ginsterkatze sowie Vögel (u. a. Eule, Turmfalke, Rotmilan).

KRÄFTE: ✱✱✱✱✱✱

Die Honigbiene

WISSENSCHAFTLICHER NAME: ***Apis mellifera***

KLASSE: Insekten
ORDNUNG: Hautflügler
FAMILIE: Echte Bienen

Die große Bestäuberin

Die kleine Honigbiene ist hervorragend ausgestattet. Hochtechnologie im Dienst der Gemeinschaft.

Bienen können die Farbe Rot nicht sehen.

SUPER SUBSTANZEN
✱

Um die Aktivität des Staates und die Kommunikation zwischen den Arbeiterinnen zu regeln, gibt die Bienenkönigin Pheromone ab (eine chemische Substanz, die über die Antennen wahrgenommen wird).

Die Königin und die Arbeiterin verfügen über ein Gift zur Verteidigung, das sie über den Stachel injizieren. Im Gegensatz zur Arbeiterin stirbt die Königin nicht dabei.

Die Mischung eines Enzyms aus der Spucke der Arbeiterin mit dem Nektar aus den Waben wird durch Reifung zu Honig.

SUPER INTELLIGENZ
✱✱

Die Biene führt einen ausgefeilten originellen Tanz auf, um ihren Gefährtinnen mitzuteilen, wo es Nahrung gibt (Rund- und Schwänzeltanz). Die Art des Tanzes hängt davon ab, wie weit entfernt die Nahrungsquelle liegt. Die Entfernung und die Richtung teilt sie über die Anzahl und die Geschwindigkeit ihrer Drehungen mit.

SUPER SENSOREN
✱✱✱

Die Haare der Biene fangen die *elektrischen Felder* der Blumen ein. Dadurch kann sie zur selben Blume zurückkehren und weiß, ob eine andere Biene dort war.

Magnetsinn: Das Magnetit in ihrem Hinterleib dient als Kompass zur Orientierung im Flug.

Ihre Augen können *polarisiertes Licht* wahrnehmen. Daher weiß sie, wo sich die Sonne befindet und wo ihr Bienenstock ist (auch wenn es bewölkt ist).

SUPER TEAMGEIST
✱✱✱✱

Ein Bienenstock ist ein Superorganismus, der aus drei Arten von Bienen besteht: der Königin, der Arbeiterin und der Drohne. Am zahlreichsten sind die Arbeiterinnen, die sich um alle Aufgaben des Staates kümmern. Für die Fortpflanzung sind Königin und Drohne verantwortlich.

SUPER SEHVERMÖGEN
✱✱✱✱✱

Ihre Augen erfassen Licht mit kürzeren Wellenlängen (UV-Licht). Die Ränder der Blumen sieht sie gestochen scharf.

SUPER MUTTER
✱✱✱✱✱✱

Der Bienenstaat ist ein Matriarchat. Die Königin herrscht, hält das Volk zusammen und legt die Eier der drei Bienenarten.

Honigbienen spielen eine Schlüsselrolle bei der Bestäubung von Pflanzen. Sie erzeugen Gelée royale zur Ernährung der Larven und Honig für die Arbeiterinnen. Außerdem sondern sie Wachs zum Bau der Waben ab.

GRÖSSE
Im Durchschnitt ist sie 12 mm lang.

FARBE
Braun mit schwarzen und gelben Bändern am Hinterleib. Auch die Beine sind dunkelbraun.

BESONDERE MERKMALE
Die Bienenkönigin (fruchtbares Weibchen) hat einen langen rundlichen Hinterleib mit Stachel. Die Arbeiterin (unfruchtbares Weibchen) hat Körbchen zum Pollensammeln an den Hinterbeinen und ebenfalls einen Stachel. Die Drohne (Männchen) hat einen größeren Kopf und Thorax als die Arbeiterin. Der Hinterleib ist kugelförmig, verfügt aber nicht über einen Stachel.

ALTER
Die Bienenkönigin hat eine Lebenserwartung von 3 Jahren, die Drohne von 3 Monaten. Die Arbeiterin lebt abhängig von der Menge an Arbeit im Bienenstock zwischen 2 und 7 Monate.

VERBREITUNG
Man findet die Honigbiene in Europa, Nordafrika und Teilen Asiens, dort, wo es Blühpflanzen gibt. Sie lebt in Bienenstöcken in Bäumen (in der Regel unter den Zweigen oder in hohlen Baumstämmen).

NAHRUNG
Pollen (Arbeiterinnen), Honig (Drohnen, Arbeiterinnen), Gelée royale (neugeborene Arbeiterinnen und einzige Nahrungsquelle der Bienenkönigin).

FORTPFLANZUNG
Mehrere Drohnen (über 15) paaren sich im Flug mit der Königin. Anschließend sterben sie und die Königin legt etwa 1500 Eier pro Tag in die sechseckigen Waben des Bienenstocks. Aus jedem Ei schlüpft eine Larve, die von den jungen Arbeiterinnen, die sich um die Brutaufzucht kümmern, ernährt wird. Nach 1 Woche wird die Wabe mit der Larve verschlossen, nach etwa 1 weiteren Woche schlüpft die erwachsene Biene. Aus den befruchteten Eiern schlüpfen Arbeiterinnen (geschlechtliche Fortpflanzung), aus den unbefruchteten Drohnen (ungeschlechtliche Fortpflanzung).

FEINDE
Vor allem Wespen und der Kleine Beutenkäfer.

Titel der Originalausgabe: *Superpoderes animales*

Die Illustrationen wurden zum Teil durch eine Förderung des Instituts Ramon Llull ermöglicht.

Übersetzt aus dem Spanischen von Katharina Diestelmeier

Projektmanagement: Constanze Holler
Lektorat: Sabrina Kiefer
Herstellung und Satz: Susanne Hermann
Druck und Bindung: GPS, Slowenien

Wir reduzieren und vermeiden die Emissionen, die an unseren Produkten entstehen fortlaufend und gleichen die verbliebenen Emissionen über ein Klimaschutzprojekt aus. Weitere Informationen zu dem Projekt: www.ClimatePartner.com/14044-1912-1001

MIX
Papier | Fördert gute Waldnutzung
FSC® C118234

Penguin Random House Verlagsgruppe FSC® N001967

ISBN 978-3-7913-7566-3

www.prestel-junior.de